JN194014

穏やかな心、
悟りへの道

21世紀の幸福論

奥野 博
OKUNO HIROSHI

幻冬舎 MC

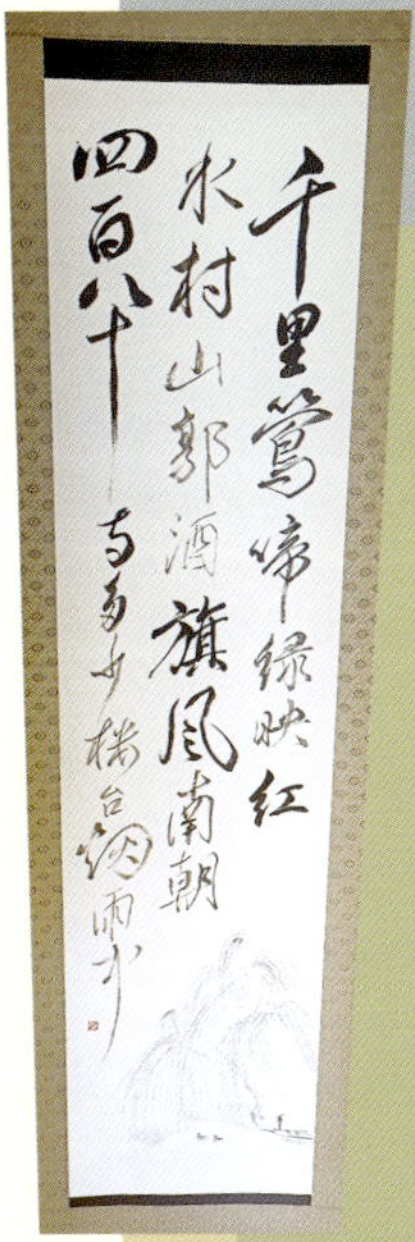

書道芸術院展にて漢字・かな部門で金賞受賞した家族の作品

水墨画（家族の作品）

二十一世紀の幸福論「穏やかな心、悟りへの道」の十五ヵ条（虎の巻）

		関連する著名人
一、	今日、今、生きている喜びを「万物、神、仏」に「感謝」します。……………	親鸞
二、	地域、国、地球、宇宙の「平和と調和」を願い行動します。……………	キリスト
三、	「民族、文明の共存と融合」そして、又「宗教の共存と共生」を願います。……	オバマ元大統領
四、	知識を広め、知恵を深め、神仏の言葉を学び「明るい未来を予測」します。……	ムハンマド
五、	「健康を願い」医書を読み（医師に相談し）、食べ物、睡眠、入浴に注意を払い、自分にあった「身体トレーニング」を実践します。……………	中村天風
六、	優しさ、思いやり、忍耐、謙虚、寛容、慈悲など「徳の心」を磨きます。………	孔子
七、	学問、仕事、家事などに対し「努力を継続」します。……………	豊田佐吉
八、	人を愛し、趣味を深め、語学を学び、衣服を整え、旅をし「少々豊かで、少々倹《つま》しい人生」を生きます。……………	美智子上皇后

九、歴史、政治、経済、科学を学び、法を守り
「少々の財産を築き、少々の寄付」をします。……………………ノーベル

十、自分にあった世の為になる「最後の仕事」を見い出し、実践します。……………継体天皇

十一、「幸せは自分の心の中に」そして又、悲しみ、苦しみ、寂しさを乗り越える中に、
さらに深い幸せがあることを理解します。……………………ラッセル

十二、若者、子孫への「教育を実践」することにより、
自分の魂の再生を理解し、死をも恐れない。……………………福沢諭吉

十三、整理、整頓、清掃、廃棄、洗濯をし、「身辺をシンプル」にします。……………道元

十四、一日一回しばし、「瞑想」をし、あるがままを受け入れ、
この十五ヵ条を唱え「穏やかな心」を感じます。
そしてこの穏やかな心が明日もまた続きますよう「祈り」ます。……………………ブッダ

十五、これを続けることにより「悟りへの道」を歩いていることを
心の中で感じます。

「合　掌」

二十一世紀の幸福論「穏やかな心、悟りへの道」八ヵ条（多忙な人・子ども向けの短略編）

一、今日、今、生きている喜びを「万物、神、仏」に「感謝」します。

二、地域、国、地球、宇宙の「平和と調和」を願い行動します。

三、「民族、文明の共存と融合」そして、又「宗教の共存と共生」を願います。

四、「健康を願い」医書を読み（医師に相談し）食べ物、睡眠、入浴に注意を払い自分にあった「身体トレーニング」を実践します。

五、優しさ、思いやり、忍耐、謙虚、寛容、慈悲など「徳の心」を磨きます。

六、学問、仕事、家事などに対し「努力を継続」します。

七、「幸せは自分の心の中に」そして又、悲しみ、苦しみ、寂しさを乗り越える中に、さらに深い幸せがあることを理解します。

八、一日一回しばし、「瞑想」をし、あるがままを受け入れ、この八ヵ条を唱え「穏やかな心」を感じます。そしてこの穏やかな心が明日もまた続きますよう「祈り」ます。これを続けることにより「悟りへの道」を歩いていることを心の中で感じます。

「合　掌」

――穏やかな心、悟りへの道

約3,100mの崖の上から見た穂高岳山荘の屋根

米国へ向かう飛行機内にて

高校三年、1月1日早朝、総社神社
の「おみくじ」で当たった大黒さま

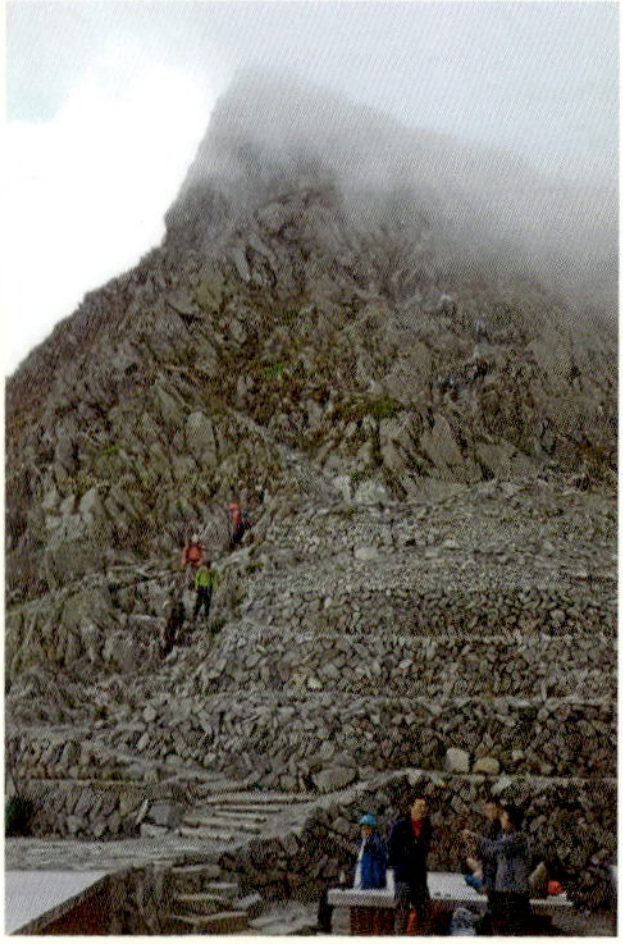

奥穂高岳、登頂最終の急傾斜の崖

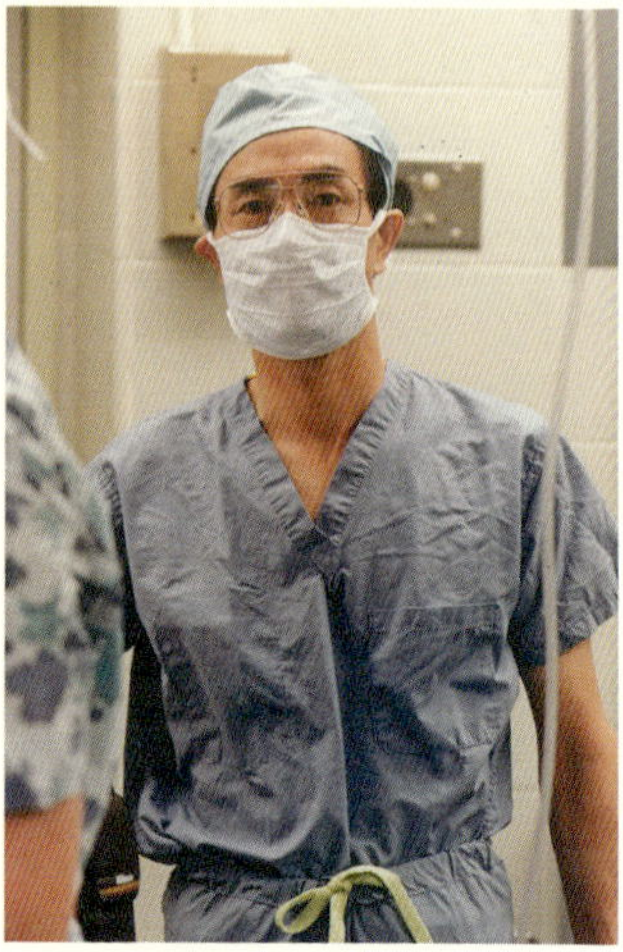

米国大学病院オペ室にて

シエナの教会の絵（ITOU画伯の作品）

——穏やかな心、悟りへの道

墓石に刻んだ「穏やかな心」

味真野（越前市）にある継体天皇の銅像

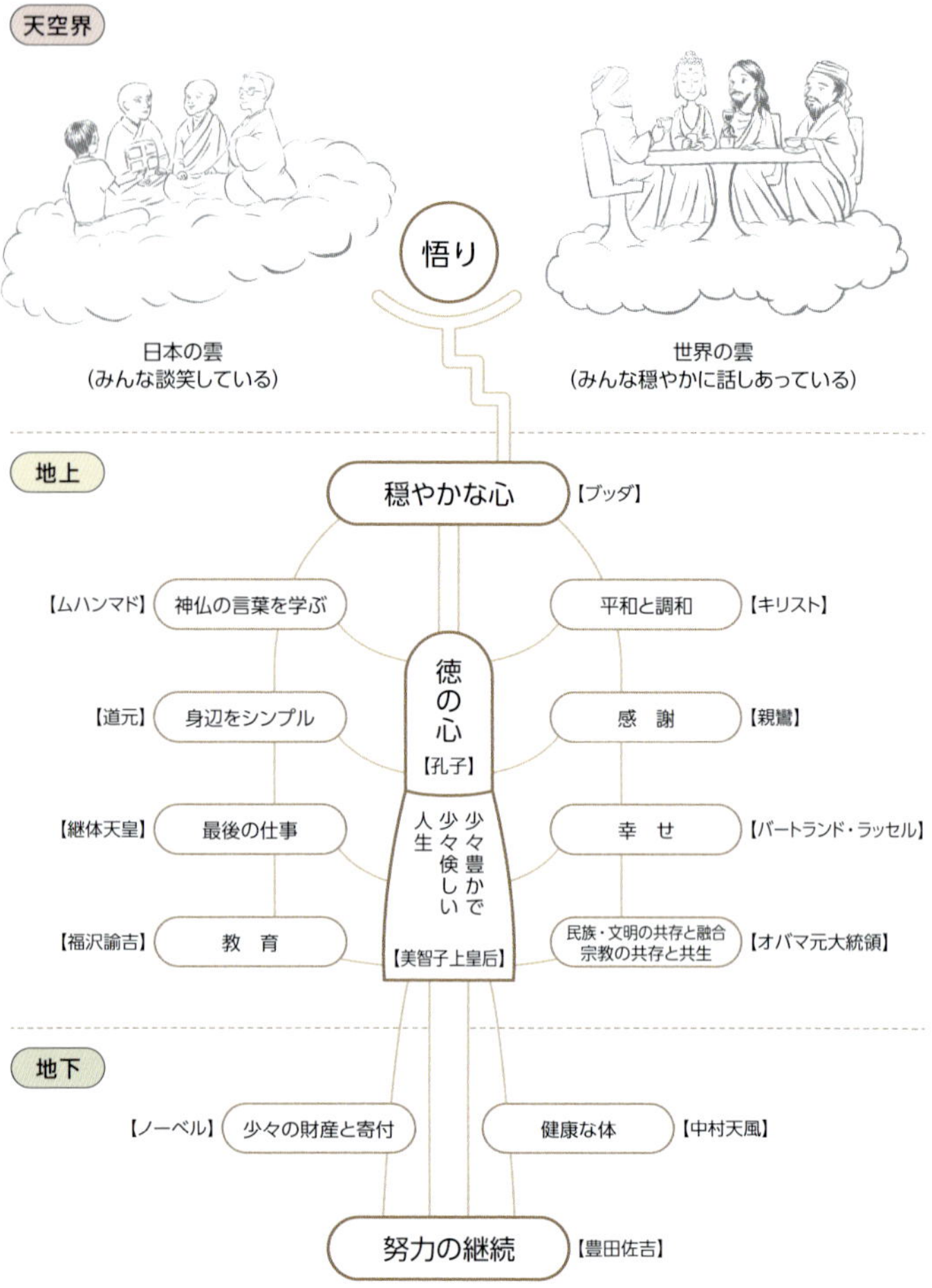

21世紀の幸福論
「穏やかな心、悟りへの道」の15ヵ条と
日本及び世界の著名人14名との関係（絵図）

作製　奥野　博
挿絵　中村香織

21世紀の幸福論

——穏やかな心、悟りへの道

目次

はじめに

高校生の時、イギリスのバートランド・ラッセルの幸福論を読んだ。特に本の中の「幅広い興味を持つこと」は、後に科学や歴史、経済に興味を持つことに繋がった。又、「趣味を持つこと」は、テニス、ゴルフ、山登り、囲碁等も続けることに繋がった。将来新しい幸福論を書こうと思った。

それから約四十年が過ぎ、五十七歳のころ、その準備を開始した。六十歳を過ぎて過去約二六〇〇年の世界の哲学、宗教学、歴史、科学等の本を読み、現代にふさわしい、二十一世紀の幸福論の研究を進めた。

六十五歳のころ、二十一世紀の幸福論の「穏やかな心、悟りへの道」の原案を作成し、約十年間その内容を実践し、歴史、哲学、宗教学、経済学、科学、運などを考慮し、さらに修正を加え、七十五歳のころ、この本に示す、「二十一世紀の幸福論」の十五ヵ条がほぼ完成した。

又、十五年程前、「応用物理と道」というタイトルで約三十ページの小論文を書いた時、「福井県に関係する人の道」の中で、継体天皇、親鸞、蓮如、橋本佐内、竹内功らについて書いた。

このことも参考にし、さらに発展させて、第三章では、日本の著名人七名、世界の著名人七名についてまとめた。

さらに第四章では第一章の十五ヵ条と第三章の十四名の著名人の関係をまとめ「穏やかな心、悟りへの道」の絵図を作成した。

ここ十年間、夜寝る時、この十五ヵ条を暗唱し、しばし瞑想を続けてきたが、運もさらに良くなり心がより穏やかになり、心の中で悟りへの道を歩いていることを感じられたので、その内容を簡潔にまとめ、出版することにした。

二〇二二年二月下旬、ロシアによるウクライナ侵攻が始まり、多くの人が亡くなり、建物の破壊等、悲惨な状況が続いている。

アフリカ難民、日本では女子中学生による事件、世界での数多くの自殺（二〇一二年約八十万人）、最近では中東のパレスチナ自治区とイスラエルの戦いの再発など多くの悲しい出来事が、この地球上でおきている。

又、CO_2による地球の温暖化のトラブルの発生など。

この本は、地球上の人々の心が穏やかになり、前記の問題が少しでも少なくなっていくことを願ってまとめたものである。

なお、この本の「穏やかな心、悟りへの道」の十五ヵ条は、読者の皆さんによっては、自分にあわせて一部加筆、修正して使用されてもよいと考えている。

この幸福論は、幸福になるための教えであり、良いところ、自分にあったところを活かし、読者の皆さんの明るい未来に役立てていただくことを願っている。

この本は三冊分の内容を一冊にまとめたので、少々読みづらい部分があるが、ご了承いただきたい。

この本を読み、この十五ヵ条を唱え、世界の人々が実践していくことは、世界の平和と調和へ繋がっていくと考えている。

第一章

二十一世紀の幸福論
「穏やかな心、悟りへの道」

表1に、二十一世紀の幸福論「穏やかな心、悟りへの道」の十五ヵ条を示す。

この十五ヵ条を十五年前に作成し、ほぼ毎日一回寝る前に瞑想をし、唱えてきた。

その内容を出来るだけ実践してきた。心が穏やかになり、心身ともに健康になってきている。

又、継続してきたことにより、心の中で悟りへの道を歩いているように時々感じる。

皆さんも巻頭に添付された15ヵ条とまとめの絵図を外し、壁などにはり、一日一回、又は週一回、唱え実践することをお勧めする。

「穏やかな心、悟りへの道」の虎の巻として活用されれば幸甚である。

表2に、二十一世紀の幸福論「穏やかな心、悟りへの道」の八ヵ条を示す。

多忙な人、子供、老人向けの短略編である。

二十一世紀の幸福論「穏やかな心、悟りへの道」の十五ヵ条（虎の巻）

		関連する著名人
一、	今日、今、生きている喜びを「万物、神、仏」に「感謝」します。	親鸞
二、	地域、国、地球、宇宙の「平和と調和」を願い行動します。	キリスト
三、	「民族、文明の共存と融合」そして、又「宗教の共存と共生」を願います。	オバマ元大統領
四、	知識を広め、知恵を深め、神仏の言葉を学び「明るい未来を予測」します。	ムハンマド
五、	「健康を願い」医書を読み（医師に相談し）、食べ物、睡眠、入浴に注意を払い、自分にあった「身体トレーニング」を実践します。	中村天風
六、	優しさ、思いやり、忍耐、謙虚、寛容、慈悲など「徳の心」を磨きます。	孔子
七、	学問、仕事、家事などに対し「努力を継続」します。	豊田佐吉
八、	人を愛し、趣味を深め、語学を学び、衣服を整え、旅をし「少々豊かで、少々倹《つま》しい人生」を生きます。	美智子上皇后

九、歴史、政治、経済、科学を学び、法を守り
「少々の財産を築き、少々の寄付」をします。……………………ノーベル

十、自分にあった世の為になる「最後の仕事」を見い出し、実践します。……継体天皇

十一、「幸せは自分の心の中に」そして又、悲しみ、苦しみ、寂しさを乗り越える中に、
さらに深い幸せがあることを理解します。……………………ラッセル

十二、若者、子孫への「教育を実践」することにより、
自分の魂の再生を理解し、死をも恐れない。……………………福沢諭吉

十三、整理、整頓、清掃、廃棄、洗濯をし、「身辺をシンプル」にします。……道元

十四、一日一回しばし、「瞑想」をし、あるがままを受け入れ、
この十五ヵ条を唱え「穏やかな心」を感じます。
そしてこの穏やかな心が明日もまた続きますよう「祈り」ます。……………ブッダ

十五、これを続けることにより「悟りへの道」を歩いていることを
心の中で感じます。

「合　掌」

表1

二十一世紀の幸福論「穏やかな心、悟りへの道」八ヵ条（多忙な人・子ども向けの短略編）

一、今日、今、生きている喜びを「万物、神、仏」に「感謝」します。

二、地域、国、地球、宇宙の「平和と調和」を願い行動します。

三、「民族、文明の共存と融合」そして、又「宗教の共存と共生」を願います。

四、「健康を願い」医書を読み（医師に相談し）食べ物、睡眠、入浴に注意を払い自分にあった「身体トレーニング」を実践します。

五、優しさ、思いやり、忍耐、謙虚、寛容、慈悲など「徳の心」を磨きます。

六、学問、仕事、家事などに対し「努力を継続」します。

七、「幸せは自分の心の中に」そして又、悲しみ、苦しみ、寂しさを乗り越える中に、さらに深い幸せがあることを理解します。

八、一日一回しばし、「瞑想」をし、あるがままを受け入れ、この八ヵ条を唱え「穏やかな心」を感じます。そしてこの穏やかな心が明日もまた続きますよう「祈り」ます。これを続けることにより「悟りへの道」を歩いていることを心の中で感じます。

「合　掌」

表２

第一条　今日、今、生きている喜びを「万物、神、仏」に「感謝」します。

二～三歳のころ。お腹がすいて泣いてた時、家族が焼いた餅を食べたところ、餅がのどにつかえ目を白黒させていたとのこと。

ビックリして店で仕事をしていた母が赤ん坊の小生をかかえ、五〇〇m先の病院に連れていこうとしたところ、冬で道が凍っていたため、十m走ったところで滑って、赤ん坊の私が投げ出された。そのショックで餅が取れ、私が泣きだしたとのこと。

もしそのまま病院へ行っていたら、私は助からなかったと医者に言われたという。

今思うと二～三歳の幼少のころ、我が家では、朝起きると、家族が仏壇に手を合わせ、神棚で拍手を打ち、その後で朝食を食べる習慣であり、運が高まっていたのであろうか。

神か仏が「まだ私に生きていなさい。少しは世のために役に立ちなさい」と思われたのであろうか。

我が家も含め、日本は本願寺系統の門徒が多く、開祖である親鸞上人に感謝します。

私たちは万物、例えば、空気、水、森林、太陽などによって生かされている。

現在、地球上には約八十億人の人間がいるが、その中の一人の男と一人の女によって、生まれた自分が生きているのである。

今日、今、生きている喜びを万物、神、仏に感謝しながら生きていたいと思う。

第二条　地域、国、地球、宇宙の「平和と調和」を願い行動します。

現在住んでいる地域の町内会の組長を令和六年三月末までしていた。約四十軒の組であるが、地域の防犯、清掃活動などに取り組んでいた。

この地に転居する前は、神奈川県の小田急線の新百合ヶ丘駅の近くの三菱地所の大型マンションに五年程住んでいた。

その新しいマンションの初代、四代の理事長を務め、地域の平和と調和等に取り組んだ。

近くの近接する区の公園の会長も三年程務め、公園の美化活動（花植え、草取り、清掃）等を行った。

公園で遊んでいた小学校の高学年の男の子達がいつもゴミを散らかし、汚していた。一案を講じ、その子ども達と一緒に買ってきた花を公園の花壇に植えた。そのあと、子ども達にお茶とお菓子を配った。

それからあとは、子ども達は、美化活動に協力してくれ、ゴミを散らかすことがなくなった。

子ども達の道徳教育に少しは役に立ったと思う。

現在、日本の国の中での争いがないのは、過去にいろいろな歴史上の人達が努力してきた結果であり、現在の日本は幸せな国の一つである。世界の国々には、いろいろな争いがあり、少なくしていきたいと考える。この本を出版した動機の一つである。

世界の平和を考えると、ロシアが始めたウクライナ戦争は大変悲惨である。

共にキリスト教を国教としている国であり、キリスト教の教えを活かし関係者が努力して、早く戦争が終わることを強く願っている。

又、将来宇宙でも争いが発生しないことを願っている。

国、地球、宇宙の調和を考えると、最初に浮かぶのは、CO_2の問題である。最近庭に木を七本植えた。少しでもCO_2の減少に貢献出来ればと思う。家族は生ゴミを捨てないで、木の根の廻りに埋めている。

CO_2が少なくなる生活、地域や会社でのあり方、CO_2を少なくする技術開発、それを吸収し、酸素や炭素に変換する技術開発、自然と共生するルールづくり、資本主義のあり方を根本から変えていく考えなど、いろいろな対策を早急に進めていかなければならない。

地球の限界が近いことを充分考慮する必要があり、地球上の八十億人が、それぞれの立場で進めてゆく必要がある。

第三条　「民族、文明の共存と融合」そして、又「宗教の共存と共生」を願います。

地球上にはいろいろな民族が存在している。互いに助け合って、穏やかに生活している民族がいる一方で、まだ一部の地域では争いを行っている民族もいる。紛争の原因を検討し、互いに話し合い解決していってほしい。そして共存し、民族が融合し仲良くなっていってほしい。

現在でも、日本人の男性とドイツ人の女性の融合（結婚）、日本人の女性とハイチ系のアメリカ人男性の融合などがある。有名人として活躍している元ハンマー投げの男性、有名な女子テニス選手らは皆さんもご存じであろう。

米国は、多民族、多文明の共存および融合が進んだ国の一つである。その国に黒人系の元オバマ大統領が誕生したことは、歴史的に考えてもすばらしいことであると思う。

歴史上、いろいろな文明があるが、それらも共存し、共生し、融合していってほしい。

日本の文明は、世界史の中では、やや特殊であったが、明治の初期に海外の文明を取り入れ、みごとに融合させ、日本の発展に繋げていった。

現在住んでいる湯河原町に「湯河原町国際交流協会」があり約三十五年前から活動を続けている。生まれた国や民族、宗教、文化、性別、年齢の壁を越えて、今ここに住む人同士で言葉を交わし笑顔になれる場所「地球民ラウンジｉｎゆがわら」を開設している。

この協会の主旨と、この第三条の考えが類似していることもあり、小生もこの会に入れさせていただいている。

宗教の共存と共生については、日本では昔から神と仏の共存、共生がみられた。江戸時代には長崎県の島などでは、一部、仏教とキリスト教の共存もみられた。

幼少期から、朝起き、仏壇に手を合わせ、神棚に拍手を打ってから、朝食を食べた。学生時代、キリスト教に関心があり、日曜日礼拝に通った。

評論家であり、キリスト教の牧師でもあられた、故、佐古純一郎、元二松学舎大、教授は吉川英治、親鸞（二）の解説の中で、「地上の生を閉じる日まで、親鸞から教えをうけることをやめないだろう」と昭和五十五年に書いておられた。これも一つの宗教の共生の形であろうか。

近年、小田急線、代々木上原駅近くのイスラム教会を訪れ、拝んできた。美しい美術作品も多数あり、素晴らしい教会であった。現在でも時々、寺や神社、教会へ手を合わせに行く。

著者の中では、宗教の融合に近い考えにいたっているが、この本の中では、世界の人々の心を考え、「宗教の共存と共生を願います」という表現にしておく。

最近パレスチナ自治区とイスラエル国の争いが大きくなっている（二〇二三年・十月・下旬）。ムハンマドも、キリストも天国では仲良く談笑していると思われ、世界の関係する大国も加わり、話し合いで解決する努力をさらに進めていってほしい。

第四条　知識を広め、知恵を深め、神仏の言葉を学び「明るい未来を予測」します。

この二十一世紀、生きていくうえで、知識を広めることはいうまでもない。

企業人の時、大手繊維会社において、最初合成繊維の制電性の研究に取り組んだ。毎日、知恵を深めた結果、三年後にその研究に成功し、見事、社長賞をいただき、特許も取れた。

その後、工場の技術部に転勤し、約十年間知恵を深め、努力した結果、直接紡糸延伸巻縮加工プロセスの開発に成功した。初期の生産機の操業の責任者も無事務めることが出来た。知恵を深めてゆくことは人間にとって大変重要であると思う。

神仏の言葉を学ぶことも大切である。最近出版された『すぐわかる世界の宗教』（町田宗鳳、二〇〇五年、東京美術）、『宗教と現代がわかる本』（渡辺直樹、二〇〇七年、平凡社）などの本で学ぶのも良い。

神の言葉を預かる人は「預言者」といわれている。

預かった言葉を伝えるのが使徒である。キリスト教には多くの使徒がいたがイスラム教の使徒はムハンマドだけだった。

神仏の言葉を学ぶことに関して、第三章の「ブッダ」「キリスト」「ムハンマド」のところで詳しく記すのでここでは詳細は省くことにする。

四十七歳のころ、約一ヵ月の米国出張（米国の大学病院での内視鏡下手術の実習、

ＬＳ社での研修等）から帰ってきた時、我が家の不動産価格が二億円を超えていた。米国の不動産価格と比べた時、不動産バブル（この頃はまだこのような表現は新聞などにみられなかったが）の崩壊を予測し、我が家を売ってしまおうと考えた。

真剣にものごとを考えていると、自然に未来が予測出来るようになる。仕事、生活（結婚を含む）、健康などでも知識を広め、知恵を深めてゆくと、自然に明るい未来が予測出来るようになる。

特に世界各国のリーダーは過去二六〇〇年の世界の歴史（特に第二次世界大戦の時のドイツ、イタリア、日本など）をよく学び、自国及び世界を明るい未来へ導いていく責任があると思う。

（付記　この本をまとめる上で、この第一章の第四条のまとめ方が難しく苦労した。代々木上原の東京・トルコ・ディヤーナト・ジャーミィで祈り、本を頂き、読み、その結果まとめられた。ジャーミィの皆さんに感謝します）

第五条

「健康を願い」医書を読み（医師に相談し）、食べ物、睡眠、入浴に注意を払い、自分にあった「身体トレーニング」を実践します。

三十五歳の時、大手繊維会社の本社に転勤し、メディカル関係の仕事に従事し、多数の医書を読んだ。人工腎臓の事業化、営業開発の仕事に従事した。又、四十四歳の時、大手精密機器の会社にスカウトされ、本社のメディカル事業部の次長として、メディカルの新事業開発の仕事に従事した。

自ら、米国の大手メディカルレーザー会社の副社長と、夜間一対一で、ホテルで英語で交渉し、日本への導入の交渉が成立した。米国の大学病院の手術室及び企業において、約一ヵ月の間全身のレーザー手術及び内視鏡下手術等の技術を習得してきた。そのため多くの医書を読む必要があった。

その後、日本の病院の手術室で全身の内視鏡下レーザー手術等の立会を一〇〇〇回以上経験した。

六十歳を過ぎてから、数年間、ヨーロッパのメディカル製品の販売等の仕事に従事した。

六十八歳の時、自然免疫強化の製品を輸入販売する会社で、営業本部長として、NPO法人自然免疫強化研究会の事務局長として仕事を進めた。

現在でも免疫強化の仕事を継続しており、お陰で多くの医書を読み、体全体のことを学ぶことが出来た。（医書を読めない方は医師に相談されること）。

健康には、食べ物、睡眠、入浴等が重要なことは、皆さんもご存知であり、いろいろな本が出版されているので、ここでは省略する。

自分にあった身体トレーニングも大変重要と思う。小生はたまたま五十七歳の時、出張先で、車で三時間移動したあと、ＪＲの駅で重い荷物を持った時、激しいギックリ腰に見舞われ、動けなくなってしまった。救急車で整形外科病院に行き、応急処置を受け、クスリを飲み、やっとの思いで自宅に戻った。約一週間、トイレに行くのも大変であり、会社を休んだ。

その後、十年間、七～八回、中～軽いギックリ腰をわずらった。最近十年間は、自分にあった身体トレーニングを開発し、大きなギックリ腰は再発していない（油断すると、小さいギックリ腰は三年に一回ぐらいあるが）。

この予防として良かったのは、一言でいうと、腰の筋肉を柔らかく、強くする体操を毎日行うことである（但し小生の場合、背骨や腰の骨には異常がなかったので）。具体的に少し記しておく。朝晩ベッド（柔らかいベッドではクッションの下にベニヤ板等を一枚入れ硬くする）又はタタミでの体操である。特に腰の周辺の筋肉を柔らかくする体操（例・上を向いてベッドに寝、膝を曲げて左右に揺らすなど）が効果的である（詳細はいろいろな本にも記してあるので省略する）。又、ほぼ毎日、体全体の、筋肉を柔らかくしたり、強くするトレーニングを行っている。

お陰で、現在（八十一歳）、テニス、ゴルフ、山登り等を行っているが、激しい運動も問題ない。最近血管年齢を測定したが、実年齢より二十歳若い数値であった。八年前に山登りを始めてから三年目、七十五歳の時、九月、単独で奥穂高岳（三一九〇m）の頂上に登ることが出来た。

現在八十一歳であるが、免疫強化の仕事、町内会の仕事、大学での講義、大学の工業会の理事の仕事、執筆活動、講演活動、多くの趣味（バートランド・ラッセルも多くの趣味が幸福に良いと記しているが）、寺、神社、教会廻り等が出来るのも体が健康なことが根本にあると思う。

故中村天風先生（詳しくは東京、池袋近くの護国寺前の天風会館にいかれるとよい、又は参考文献参照）は、若い時、肺結核を発病したこと等から晩年、心と身体の真の健康を作り上げる具体的な方法「心身統一法」を考え、実践され、九十二歳まで元気であったと記されている。

皆さんにも、自分にあった「身体トレーニング」をお勧めする。

第六条

優しさ、思いやり、忍耐、謙虚、寛容、慈悲など「徳の心」を磨きます。

優しさ、思いやりは、我々人間にとって非常に大切な心である。心温かく、思いやりがあること。又は穏やかでおとなしいことなどともいわれている。

家族のあいだでも他人どうしでも、大変大切な心である。

忍耐とは、苦しみ、辛さ、悲しさなどを耐え忍ぶことといわれている。

謙虚とは、控えめで慎ましいことといわれている。

寛容とは、心が広くて他人の言動をよく受け入れ、他人の罪過を厳しくとがめだてしないことである。

慈悲の心の「慈」は喜びを与えてやりたいという心である。又、「悲」は苦しみを抜いてやりたいという心である。

徳の心では、あとで第三章の世界の著名人七名の最初に記す孔子の教えが大変有名である。

この心を受けつぎ、日本の明治時代に活躍した渋沢栄一は「日本近代史の父」ともいわれ、日本人にとっては忘れられない大切な人である（詳細、参考文献参照）。

第七条 学問、仕事、家事などに対し「努力を継続」します。

人間にとって、努力を続けることは非常に大切で、基本である。心と体がある程度しっかりしていないと、努力を続けることは難しい。

学生にとって、学問に対し努力を続けることは基本である。又、仕事に対しても、努力を続けることは簡単ではない。

二十五歳から三十五歳までの十年間、会社において大変難しい技術開発に挑戦し、成功した経験がある。プロジェクトの最初のリーダーや一部の仲間は、転勤や病気で離れていき、後半の七年間はリーダーとして、プロジェクトが成功した。
数十億円を投資し、生産機をつくり、約三ヵ月間、そのスタートアップの責任者として頑張れたが、体力、気力、ねばり、知恵等がないと成功出来なかった難しい技術開発であった。

この時、「努力を継続する」ことの大切さを十分味わった。小生はたまたま雪国の生まれであり、粘り強さがあったことも重要な要因のひとつであった。

六十五歳のころ、一人娘に孫が生まれた。娘は外資系の企業で仕事をしていたため、妻が孫の世話をすることになり、十二年程、一人で生活をした。そのため、買いもの、料理、掃除、洗濯などを一人で行ったため、家事に対しても努力を続けた経験がある。高齢化社会では、男性も家事の経験を積んでおくことが大切であると思われる。現在八十一歳であるが、お陰でボケないで生活が出来ている。

トヨタグループの創始者である故豊田佐吉翁は、仕事への努力を続け、いろいろな工夫、発明を明治時代に行い、今日トヨタグループの発展に繋げていったのは皆さんもご存知のとおりである。

福井県大野市の出身で、東大物理科の教授を経て、「ニュートン」の編集長をされた竹内均先生の著書に『継続の天才』という本がある。

人生において「努力を継続」することは学生にとっても、社会人にとっても、老人にとっても非常に大切である。

第八条
人を愛し、趣味を深め、語学を学び、衣服を整え、旅をし「少々豊かで、少々倹《つま》しい人生」を生きます。

十六歳、高校一年のころ、皇太子殿下と美智子さまの婚約発表のニュースを新聞で読んだ。美智子さまは美しく、賢く、趣味も豊富であり、語学も堪能で小生も将来、このような女性と縁があればと思った。

二十七歳のころ、少々仕事が出来るようになり、結婚を考えた。しかし当時岡崎市の工場勤務であり、なかなか良い縁がなかった。会社の旅行で、秋、伊勢神宮にお詣りした。たまたま奮発して五百円硬貨を神様にプレゼントし、お願いをした。

翌週土曜日、名古屋の会社の社長夫人に遊びに来いと言われた。出かけたところ、着物を着た若い女性を紹介された。会ったとたん、素晴らしいオーラを感じた。あとで分かったが、スポーツ、音楽、語学（英文科）芸術など多才な女性であった。バスケットボールでは、学生選抜にも選ばれた経験があり、それらの集中力から出ているオーラであったように思われた。結婚後、五十四年が経つが約四十年の子どもへの英語教育、ピアノ、書道（三十八歳のころ、書道芸術院展にて漢字、かな部門で金賞受賞、口絵参照）、水墨画（口絵参照）、和裁、洋裁、華道、茶道、テニス（クラブでシングルス、ダブルス、ミックス等で、二十回程優勝）等多方面で才能を発揮している。

このような縁に結ばれたのは、伊勢神宮の神の力なのか。

（一）音楽について

小学時代、音楽が好きで、ハーモニカ、横笛を吹いていた。小学から中学にかけて、コールユーブンゲンが好きで、音楽はいつも5（優）であった。

独身時代、さらにフルート、ギター、ピアノ、エレクトーンを習った。しかし、なんとかものになったのは、フルートとエレクトーンだけだった。

新婚旅行から帰ってきて、一週間後、夕方、会社から戻ってくると、家の近くでギターの音が聞こえてきた。

さらに家に近づくと、我が家からギター曲「禁じられた遊び」がリズム良く聞こえてきた。家を開けると、新婚の妻が、熱心に弾いていた。あっけにとられ、尋ねると「暇だったのと、ギターと楽譜があったので、練習してみると楽しく一週間で弾けるようになった」とのこと。

ピアノを幼少の時から二十年程弾いており、コードが似ていたこともあり、もともと指が器用で、一週間で楽しく弾けたとのこと。

それ以来、小生は、ギターに触れたことはない。

現在でもテニス、ゴルフ、山登り、囲碁、茶道、生け花などを続けている。

又、学生時代、四年間ＥＳＳのクラブに所属していた。お陰で米国、イタリア等の会社の仕事面での交流も可能であった。

世界トップの合成繊維の会社に勤めていたこと、実家が呉服店であったこともあり、衣服には、少々、財布のヒモをゆるめてきた。

(二) 旅行について

米国、ハワイには仕事の関係もあり、数回訪問した。思い出が多いのは、治験していただいた産婦人科の医師が、米国の産婦人科の学会で「KTP/YAGレーザー」について発表した時のこと。学会の夜、ニューオリンズでジャズを聴いたり、週末、グランドキャニオンの渓谷を歩いたり、サンディエゴで、ゴルフを楽しんだこともあった。

その他、ヨーロッパの旅では、ドイツのノイシュヴァンシュタイン城は山の上の見事な城であった。

会社での黒字化達成のボーナスの旅、東南アジア旅行（グループのメンバー十人と一緒に）も楽しかった。

学生時代の友人、中島光君は、一九六九年から二〇一三年までの約四十三年間カナダ、米国に移住し、仕事をしてきた。

その間のことを「大いなる旅」（二巻）にまとめ、二〇十三年十一月に出版した。四十三年間の大いなる旅の間の努力、苦労、楽しかったこと等が書かれている。若者の生き方の参考になると思う。

第九条

歴史、政治、経済、科学を学び、法を守り「少々の財産を築き、少々の寄付」をします。

この宇宙、地球、世界、日本の歴史を学ぶことは重要である。宇宙、太陽系、地球、生物、人の誕生等、歴史はいろいろ興味深い。

世界及び日本の政治、経済はしっかり学んでおく必要がある。これらの基礎知識があると、少々の財産を築くことが可能である。小生は昭和四十年四月、当時日本ではトップクラスの大手織維会社に入社した。初任給は日本で最高のクラスであり、独身寮生活であったため、少々給料に余裕があり、二十三歳のころから株を買入した。二十六歳のころ、株が大幅に値上がりしたため、それを売って、名古屋市の郊外の和合ゴルフ場前の住宅地を八十坪程買入した。

結婚後に、子どもが出来たこともあり、一年目に家を建てた。三十五歳で東京本社に転勤になり、約三千万円で自宅を売却した。小田急線の新百合ヶ丘駅近くの王禅寺の三井不動産の新築一戸建ての家（土地約七十坪、建物約四十坪）を約四千万円で買入した。（一部ローンを組んだが）この家がバブルの前に約二億円に値上がりした。

これらのことからある程度、歴史、政治、経済を学んでおき、決断力があると少々の財産を築くことが可能になる。

世界や日本にはいろいろな法律があり、法を守ることは大切な基本である。

令和五年一月初め、新たに一万程株を買入したが、比較的一流銘柄の値上がりが大きい。米国、ヨーロッパ、アジア、日本等の経済の動向を読むことは、投資の場合重要である。

一方、少々の財産が出来、生活にゆとりが出来たら、少しでも良いから、世界の各種難民救済の団体等に寄付する心がけも重要である。小生の妻は長年、特定非営利活動法人、ワールド・ビジョン・ジャパン（事務局長、大内真理子氏）等の活動を通して、世界の困難な環境の中で生きている子ども達や人々への支援活動を行っている。小生もこの支援活動を行っている。時々、教会、寺、神社へ行った時、寄付するようにしている。寄付することにより、心がより穏やかになり、人生がより明るくなっていくようである。

ダイナマイトの発明で、多額の財産を築いたノーベルが、地球、宇宙の発展と平和のため、ノーベル賞を、あの時代に実施したことは大変素晴らしい行いであったと思う。

第十条　自分にあった世の為になる「最後の仕事」を見い出し、実践します。

この本の出版、この本の内容の普及活動（講演など）を「自分にあった世の為になる最後の仕事」と考え、実践している。その理由は、これまで記してきた内容で、ほぼお分かりと思うが、基本的には世の中の平和と調和がより進むことを願っているからである。

読者の心がより穏やかになり、読者が「悟りへの道を歩いているように感じてくれる」ことを願っているからである。当然それにより、心と繋がっている体もより元気になる。この本を読めば読者一人ひとりがより幸せになり、しいては世界平和へも繋がっていく（心が穏やかになれば、オキシトシンが分泌され、心身ともにリラックスし、幸福度が高くなる。さらにストレスを軽減し、血圧も安定し、生活習慣病の予防にもなり、長生き出来る）。

人によっては高齢で通常の仕事をこなすことが難しい方も、読者の中にはおられると思う。そういう人には、家事の一部を分担し続けていくことでもよい。寝たきりの人にとっては、例えば地球の「平和と調和」を願って祈るだけでもよい。若者にとっては「最後の仕事」を単純に「仕事」と変え「自分にあった世の為になる仕事を見い出し実践する」でもよい。

小生は五～六歳のころから、家の玄関の清掃、縁側の雑巾がけを自分の仕事として長年実行した経験がある。料理の手伝い、例えば中学生が大根おろしの手伝いをすることでもよい。そういうことを実践し、継続する気持ちが大切である。

松下幸之助は、晩年、ＰＨＰ研究所をつくり、世界の平和のための活動を行っている。

渋沢栄一は「フランスを滅ぼすのはフランスなり、ドイツにあらざるなり。ドイツを滅ぼすのはドイツなり。連合国にあらざるなり」といっていた。すべての国が滅びるのは敵国のためではなく自国の思いあがりにあるという教訓である。彼は「我身ヨリ、国家ノ為」一生を捧げたといわれている。晩年「病をおして慈善活動を行った」と渋沢栄一の本に記されている。

継体天皇は、時の政界のトップに請われて天皇になったといわれている。天皇になったあと、日本のための大きな仕事として、九州を平定し、今日の日本の基盤をつくったともいわれている。

我々も自分に出来る範囲で、最後の仕事を見い出し、実践したい。

第十一条

「幸せは自分の心の中に」そして又、悲しみ、苦しみ、寂しさを乗り越える中に、さらに深い幸せがあることを理解します。

幸せは、一人ひとりにとって少し異なっており、人間にとって、皆同じというわけではない。例えば大金持ちでも幸せと感じない人もいる。著者の考えでは幸せは自分の心の中にあると思う。又、いろいろな悲しみ、苦しみ、寂しさなどを自分なりに乗り越えてゆくと、さらに幸せが大きく、深くなってゆくことを感じることが多い。

バートランド・ラッセルは幸福論（実証済みの幸福になる方法）の中で、①思考をコントロールせよ（一段と寛容になれ、理性の力で幸福になれる）。②バランスこそ幸福の条件。③趣味をもつことがバランスに繋がる。④仕事を通じて幸福になる。⑤幸福には社会との繋がりが必要。⑥幸福論の延長線上の平和活動が重要。といっている。

精神科医　樺沢紫苑は、『精神科医が見つけた三つの幸福』（飛鳥新社、二〇二一年）という本の中で、セロトニン的幸福（心と体の健康）、オキシトシン的幸福（繋がり、愛）、ドーパミン的幸福（成功、お金）で幸福を説明している。

この本ではセロトニン的幸福は、第六条の「徳の心」と第五条の「健康」で、オキシトシン的幸福は第八条の、人を愛し「少々豊かな人生」で、又、ドーパミン的幸福は第九条の「少々の財産」で説明している。その前提で、「幸せは自分の心の中」に、そして又、悲しみ、苦しみ、寂しさを乗り越える中に、さらに深い幸せがあることを理解してほしい。

第十二条 若者、子孫への「教育を実践」することにより、自分の魂の再生を理解し、死をも恐れない。

学生時代、教会で、子どもに英語教室を開き教えていた経験がある。会社に入り、その会社には地方出身の中学卒の社員が多かったこともあり、夜間高校を併設しており、仕事が終了してから、数学や理科を教えた経験もある。

最近では、大学の工学部の一～二年生八十人に、九十分程「応用物理と道」というタイトルで講義した。この時はパソコンを使い、五十五枚程パワーポイントの原稿を作成し、講義を行った。受講したあとの感想文や質問が七十数枚、工学部長経由で届き、全員にコメントを記し送り返した。その中の二名は、ぜひもっと詳しく話したり相談したいとのことで、当時住んでいた大型マンションのゲストルームに泊め、東京見学を含め、二日間つきあった。

教育といえば安政五年（一八五八年）、築地に蘭学塾を開いた福沢諭吉先生が有名である。この塾は、十年後の慶応四年すなわち明治元年（一八六八年）に慶應義塾という名前になり、その後百五十年が経ち、今日の慶應義塾大学に発展している。先生は、若くして、米国やヨーロッパを訪れ、それらの国の良いところを、日本に広めていったのは、今日の日本にとって大変重要なことであった。

結婚して翌年、娘が誕生した。夫婦でテニスをしていたので、娘も活発であり、幼い時からテニスを習わせた。同時にバイオリン、ラボ・パーティ（英語劇）も習わせた。ラボ・パーティは楽しく学ぶことが出来たため、幼稚園から高校まで続き、後の米国留学、イギリスの大学院卒業へと繋がった。大学で体育会テニス部へ入り、その後三十年継続しており、健康、仕事の気分転換に役立っている。

皆さんも、子どもの教育は重要であり、子どもの好きなことを続けさせるのが良いと考える。

若者、子孫への「教育を実践する」と、ある意味で、死をも恐れなくなると思われる。

吉田松陰先生は江戸末期、若者に松下村塾でしっかり教育し、自分の考えを継いで日本の未来のために役に立ってくれると考えていたので、ある意味で、死を恐れなかったのではないかと思う。

橋本左内（福井藩）も、十五歳で「啓発録」を著し、二十五歳で処刑されたが、生前、由利公正（五箇条の御誓文を制定、後に初代東京市長）、坂本龍馬らにも影響を与えていた。

死については、『死者は生きている』（町田宗鳳、筑摩書房）、『死は存在しない』（田坂広志、光文社）なども参考にしてほしい。

人は、真剣に、一生懸命生きてくると、死を恐れなくなると思う。長年修行してきた修験者、あるいは比叡山の千日回峰行を完遂した宗教者などもそのような気持ちになるのではないかと思う。

別な表現では「悟りを開く」と言っている人もいる。昔の日本の仏教者、親鸞、道元なども悟りを開いた人といわれている。

皆さんもこの本を読み、この「十五ヵ条」を唱え、瞑想を継続すると少しずつそのような境地に近づくと考える。

第十三条　整理、整頓、清掃、廃棄、洗濯をし、「身辺をシンプル」にします。

普段生活している身辺を整理、整頓、清掃をし、廃棄（ゴミ出しを含む）することは簡単ではない。だからこそ、一日一回、最低、週に一回は心がけ、実践し、身辺をシンプルにしてほしいと思う。

福井県にある永平寺を開いた道元は有名な宗教家である。曹洞宗の大本山は横浜市鶴見区にもある。総持寺といわれている。関東に住んでおられる方は近いのでお詣りにも便利である。永平寺に行くと、若いお坊さんが朝早く起き、寺の内外をきれいに清掃している。心を磨くには「身辺をシンプル」にすることも重要と思う。

第十四条

一日一回しばし、「瞑想」をし、あるがままを受け入れ、この十五ヵ条を唱え「穏やかな心」を感じます。そしてこの穏やかな心が明日もまた続きますよう「祈り」ます。

古い宗教者、道元などは、日々の行いの中に瞑想をとりいれていたと書かれている。日本では、昔から多くの宗教家、あるいは修験者が瞑想を実践している。

最近では、御殿場近くの「ありがとう寺」の宗教家町田宗鳳先生も瞑想を実践しておられる。

小生もしばしば瞑想をし、この十五ヵ条を唱えることを十五年程実施し穏やかな心を感じている。

最近では、海外、米国やヨーロッパでも瞑想を実践している人が増えている。

古くはインドのシャカも七日間の瞑想のあと悟りを開いたと伝えられている。

第十五条
これを続けることにより「悟りへの道」を歩いていることを心の中で感じます。

「合掌」

日々この十五ヵ条を実践し、第十四条の瞑想を続けて、「穏やかな心」を感じていくと、自然に「悟りへの道」を歩いているように心の中で感じるようになる。悲しみ、苦しみ、寂しさを感じなくなり、さらに生きていること、病むこと、死ぬことへの不安がなくなっていくような心の状態になっていると感じるようになる。

古くは、約二六〇〇年前、インドでシャカが長年の苦行のあと、アシヴァッタ樹の下に座し、瞑想をし、七日目に、万物の真理について悟りを開き、ブッダ（仏）となったと伝記されている。

最近では中村天風先生、ヨグマタ相川圭子女史も悟りを開いたといわれている。

昔から、比叡山の千日回峰行を終えた修験者らも悟りを開いたといわれている。

奈良県や山形県の修験者らも、苦しい修行をし、悟りを開いたといわれている。

小生も五年前、単独で初めて奥穂高岳を登った時、三〇〇〇mを超え、高さ約七〇mの崖を鉄のクサリとハシゴを使い登りきった時はガスがかかってきて雲海の上を歩いた時、日頃この十五ヵ条を実践していたこともあり、肉体的にも、精神的にも悟りを開いたように感じた。

雲の中を楽しく歩いていると、ここまで登ってきた疲れ（苦行）を全く感じなくなり、悲しみ、苦しみ、寂しさも感じなく、穏やかな心になり、生きていること、死ぬ

写真１　約3,100mの崖の上から見た穂高岳山荘の屋根

ことへの不安もなく、神や仏に近づいたような気持ちになった。

中村天風先生も、銀行の頭取をやめ、長年の実践活動を続け、真の悟りの実践者になられたのではないかと思う。

仏陀も、悟りを開いてから、各地で布教活動をして廻ったと書かれている。

第二章
著者の道

一、幼年時代

小生は、一九四二年十月、福井県武生市泉町（現越前市本町）で長男（元呉服店経営）、長女（京都の芸術家に嫁ぐ）、次男（元織物商社社長）、次女（現裏千家名誉師範）、三男の五人兄弟の末っ子として生まれた。父、弥四郎は呉服店の経営、華道池坊流の北陸支部長、茶道裏千家の師匠をしていた。母、叔子は主婦業、呉服店の接客等で多忙であった（晩年一〇七歳で亡くなる）。

五歳の夏、十六時ごろ、私は大きな樫の木で造った食台（幅一・二m長さ一・八m）の下に潜り込んで昼寝をしていた。そこに福井地震が発生した。横にあったタンスが倒れてきた。食台の上に倒れたため、私は怪我もなく脱出出来た。第一章で書いたように朝一番に神、仏を拝む習慣があったため、運良く助かったのか。皆さんにも似たような経験をお持ちの方もいると思う。

幼稚園のころ、走るのが好きであり、近くの寺の境内、雨の時はお御堂の廊下を走って遊んでいた。お陰で八十一歳になった今でも心臓、肺、血管、足の状態が良く、テニス、ゴルフ、山登りも問題ない。

二、小学、中学時代

西小学校二年の時、小生の家の菩提寺「円宮寺」(京都にある浄土真宗大谷派の東本願寺の末寺)の養子にという話が出た。小生は五人兄弟の末っ子であり、寺には一人娘がおり、我が家も檀家総代でもあり、晩年一〇二歳で亡くなった祖母が言い出した(祖母は納骨堂を一人で寄付したこともあり、力があった)。私は子どもの時から、何か考えるのが好きであり、「寺の養子はいやだ」と言って泣いて抵抗したためか、この話は消えた。

小学六年の秋、寺でのど自慢大会があり、その一人娘(同学年)の伴奏で歌を唄った時、彼女は肌の透き通るような色の白い美しい女性であり、大変心がドキドキし、淡い気持ち（今で言う初恋か）になった。翌週、小学校で初めてのマラソン大会があり、練習の時は三㎞走り、いつも二番であった。一人大変早い同級生がいた。本番では五㎞を走った。心がウキウキしていたせいか最後まで足が軽く、ダントツで一番になった。心と体が密接に繋がっていたのだと思う。

小学校時代、トランプ、五目並べ、囲碁、将棋が好きだった。お陰で考える力がついたためか、第二中学では数学が学年トップクラスになった。
父の友人が高校で英語の教師をしていたので、小学六年の時から英語塾に通った。中学時代、英語も好きになった。そのせいか無事県立武生高校に合格出来た。

三、高校時代

受験をひかえた高校三年、十二月三十一日の朝、いつものように朝日新聞を読んだ。

地方版をながめると、地元武生市の中心にある総社神社において、元旦の零時から「おみくじ」があり、木彫りの大黒様が当たるとの記事が目に飛び込んできた。その瞬間、何か不思議な気持ちになりいつもの除夜の鐘をついたら行ってみようと思った。ＮＨＫの紅白歌合戦が終わり、近くの陽願寺（三国近くの吉崎に宿坊を建て、京都の山城に浄土真宗王国を開かれた蓮如上人の銅像が現在でも建っているお寺）で五回ほど鐘をつき、元旦を迎えた。

家に戻り、家族に新年の挨拶をし、総社神社に向かった。総社の神様にお詣りをし、早速「おみくじ」を引いた。通常「おみくじ」は、箱の上から一枚を取るのであるが、この時はなぜか上の「おみくじ」をかきわけて真ん中まで手を伸ばし、一枚をつかみ手を出した。開けてみると、いつもと違って「おみくじ」の上に「神社の大きな赤い印」が押してあり、近くの社務所の巫女に見せた。その瞬間巫女が笑顔をみせ鐘の音を響かせて「大当たり」と言った。周囲の人達は皆がびっくりして、私のほうに顔を向けた。

高さ二十五㎝の真新しい木彫りの大黒様の入った木箱を頂いた。巫女に「ありがとうございました」と言い、急いで自宅に戻った。それを見せた時の父の嬉しそうな顔はいつまでも忘れられない。

その後しばらく、神が指したせいか、心が明るくなり、脳も活発になった気がした。難しいと言われていた国立大学一期校の理学部数学科と二期校の工学部応用物理学科に無事合格出来た。小生の性格では、物を創ることで社会に貢献したいと思い、実学が学べる応用物理学の道を選んだ。

写真2　高校三年、1月1日早朝、総社神社の「おみくじ」で当たった大黒さま

（注）「運」の本によると、運をつかめる人は心の状態を「気分がよい」状態にしておくことが重要とのこと。「感謝力」「感激力」がある人は「運」に恵まれやすいとのこと。

四、大学時代

専門課程では力学、基礎物理学、電気回路、電子回路、半導体、応用光学、流体力学、物性物理学、電磁気学、原子物理学、コンピュータ、設計など、電気工学科、電子工学科、機械工学科、物理学科などにまたがるいろいろな単位を取得したが、学科の主任教授であられた八木先生（のちに工学部長、学長を務められた）の専門である物性物理学（第二講座）で、卒論を書きあげた（八木先生からは政治学まで習い会社という組織の中で生きてゆくのに、応用物理学とともに大変役に立った）。

学生時代、当時の皇太子と美智子妃の出会いのきっかけになった硬式テニスに興味をもち、四年間部活動を続けた。

さらに、日本は世界の中で技術立国として生きていかねばならないと思い（当時の長谷川学長からも国際人になれとのお話があったが）、ＥＳＳ（英会話）クラブにも四年間所属した。

ＥＳＳの一環として、教会の外人から英会話とキリスト教を学んだ。又、子どもの英会話教室を友人の安立君（電気工学科四十年卒）と開き、少々社会にも貢献出来たと思う。

洗礼を受けるかどうか迷った時に読んだ本の中に、吉川英治の「親鸞」があり、宗教家ではあったが、恋をし、子どももいた親鸞により親しみを感じた。

入社試験では、光学大手のＣ社、合織大手のＴ社の内定を得たが、実家が呉服店であり、親戚にも機屋（織物会社）があったことから、合成繊維大手のＴ社（現在でも合成繊維では世界のトップ）にいくことにした。

五、T社時代（二十三歳〜四十四歳）

T社の入社教育は滋賀事業所（大津）で始まった。その後、東京本社、基礎研究所（鎌倉）、大阪事業所等で教育を受けた後、愛媛工場、三島工場、名古屋工場等で工場実習があった。名古屋にある、繊維研究所愛知研究室に配属が決まった。

（一）研究時代

応用物理を専攻したこともあり合成繊維の制電性を研究することになった。ポリアミド（ナイロン）、ポリエステル（テトロン）等は帯電性の繊維であり、当時のワイシャツ、スリップ、長襦袢、カーペット等は静電気を帯び、使いにくいという欠点があった。この研究開発を四年間担当した。結論から言うと、導電性のポリマーを細かいスジ状に合成繊維の中に入れることにより、制電性繊維の研究開発に日本で初めて成功し、特許もとれた。合成繊維は固いチップ（ポリマー）を紡糸機で溶かし小さな口金から糸にして取り出し（Spinning）延伸（Drawing）してから巻き取る。口金の中には、フィルター及び小さな砂を詰めておき、濾過してから、糸として取り出す。あとで分かったことであるが、特殊な染料で染めたあと、電子顕微鏡写真で見ると、数ミクロンの細かいスジ状に入っている導電性のポリマーのスジだけが染まり、そこを繊維に帯電した静電気が伝わって放電されてゆくことにより、制電性ナイロン開発に成功出来た。当時は繊維の静電気を測定する装置もなく、文献を参考に、手造りすることも並行して進めた。

又、導電性ポリマーをどの程度の組成で組み合わせるか等も実験した。研究した糸が商品化され、使用する人の役に立ち、上司であり、いろいろ指導頂いた前田研究員とともに社長賞をいただいた時は、企業人として大変嬉しかった。

（二）開発、生産時代

研究が一段落し、岡崎工場の技術部に転勤した。タイヤコードの糸、又はカーペットの糸のどちらかを開発することになった。同期の友人がタイヤコードの糸を開発していたので、カーペットの糸の開発をすることに決めた。しかしこの道は苦難の道であり、七年間壁に当たり苦しんだ。知恵だけでなく、体力、ねばり（雪国の出身であったため、ねばりは負けないつもりであったが）も限界に近かった。

八年間苦労していた時、あるヒントで品質がさらによくなり、特許的にもフリーで、高速化（コストダウン）が可能になり事業化に成功した。

具体的に説明すると、カーペットの糸は巻縮（Crimping）がかかった糸である。開発当時、一〇〇m／分の速度で加熱蒸気の乱流の中を通すことにより、巻縮を与えていた。品質は良いが、コストが高いという問題があり、事業化が出来なかった。

流体力学を応用して糸を通すノズルの形を変えたり、その他の改善により加工速度を一〇〇〇m／分まで向上出来た。これまではカーペットの糸は、いったん紡糸した糸を、延伸して、それから別工程で捲縮を与えていた。一〇〇〇m／分まで高速化したことにより、Direct Spining Drawing（DSD）Crimping が可能になった。

しかしこれでも、さらに低コスト、高品質にしないと事業化が難しいという問題があった。

開発して八年目、岡崎研究室　岡田主任研究員、佐藤研究員の協力もあり、あるヒントで一気に上記課題をクリアすることが出来た。

加工速度も当初の一〇〇〇m／分から約二十倍にスピードアップし Direct Spining Crimping K（加熱蒸気流体捲縮のK）というDSCKプロセスが完成した。

パイロットM／Cを造り連続運転も可能になり、本格的に生産M／Cを計画したところ、全く別な問題点が出てきた。

それは当時繊維不況で、生産機をつくる数十億の資金調達が出来ないという問題であった。

たまたま、当時のダブルステニスの小生のパートナーが技術部長の芦田氏であり、芦田氏の知人が国際事業におられ、国内は不況であったので、ヨーロッパのI国のA社に技術輸出の交渉にあたっていただいた。無事DSCKの技術輸出の話がまとまり、A社から数十億の資金が入り、この資金を使用して、生産機を造った。

生産機の操業の責任者として、冬の一月から二ヵ月間、夜中まで仕事を続けた。(和合ゴルフ場の前に建てた家から通うことが出来ず、独身寮に宿泊した)無事、スピード、品質、バラツキ、収率、コスト等をキープした。(この成功には今泉技術部員の十年間の協力を得たことも大きく、この場を借りて感謝します)。

その後I国のA社の生産機も順調に稼働した。

約十年間の苦労であった。特許も多数取得出来た。

当時としては画期的な、直接紡糸延伸捲縮加工プロセスが完成し、製糸技術屋としては、工場での仕事はほぼ卒業と思った。


このまま工場で、成果のうえに胡坐をかき、のんびりしていようかと思ったが、新たな転勤の話が持ち上がり、東京の本社に異動することになった。

合成繊維を用いた人工臓器の開発、企画、事業化の仕事であった。

徳川家康を思い、新たにチャレンジすることにし、岡崎から東京へ転勤した。

(三) 企画、営業時代

三十五歳の時、本社の新事業推進部に異動した。基礎研究所で生体適合性の良いP

ＭＭＡ（ポリメチルメタアクリレート）ポリマーを用いた人工臓器（人工透析）の研究が実りつつあり、これを事業化しようということであった。実際に透析患者さんに試用してみたら、従来の透析器具と比較し、生体適合が良いためか、患者さんの血液データが良いことが分かった。

（注）透析とは腎臓の悪い人の血液を体外循環させ透析膜を通して、血液の中の老廃物を透析液の中に出す仕組み

厚生省（現・厚生労働省）の承認を得、販売していこうとしたら、なかなか営業担当者が集まらないという問題が出てきた。

当時の合成繊維の営業は殿様商売で、品質が良く、会社の信用があり、ユーザーが先方から買いに来る状況であった。新規に病院を廻り、苦労して売れるかどうか分からないものを販売するチャレンジ精神のある営業マンは非常に少なかった。

やむをえず、自らフィルトライザー（当時の商品名）の販売にチャレンジすること

にした。

商品の特徴もあり、担当した関東、甲信越において、急激に売り上げが伸び、正式に販売会社ＴＭＣをつくり、拡販してゆくことになった。

ＴＭＣの初代の営業課長として、新人の教育、拡販に努めた結果、大幅に売り上げを伸ばすことが出来た。

途中で、赤字が続いていた東北の支店長も担当し、短期間で黒字改善出来た。

数十億円まで急成長出来、大幅な利益を確保出来るようになった。

当時教育した新人らは成長し、会社の部長、役員として活躍しているのも嬉しい。

当時の新人等を思い出すと、前向きで、熱意のある若者は、おおむね大幅に成長したと感じた。

技術屋が営業で成功出来た要因としては、まず

①チャレンジ精神と体力、ねばり
②技術開発も営業開発も人間としての熱意があるかどうか
（ユーザーは商品だけでなく営業マンの人間性を買う）
③商品に技術的な説明が必要であったため、開拓のころはセールスエンジニアが
　有利であったこと
等がある。

短期間で急成長出来たので、本社に課長として戻り、新しい膜（ＢＫ膜、透析膜の穴を大きくし、さらに血液中の分子量の大きい不純物を血液の中から外に出せるようにした新製品）の事業化を担当した。

穴の大きい膜は糸として生産することが難しかったが、当時の岡崎工場の前田製造部長、他がいろいろ知恵をしぼられた結果、生産が安定した。

新製品として事業化出来、さらに売り上げ、利益が向上した。

当時の名古屋、新生会病院、院長斎藤Ｄｒ．らと一緒に患者さんの為に新しい膜を研究する「ハイパフォーマンスメンブレン研究会」を設立し、企業代表として、数社をとりまとめることも出来た。この研究会は設立後三十年以上たっているが、現在も続いている。

又、この頃透析患者さんの手根管症候群に、アミロイド蛋白（β２ミクログロブリン）が関係していることを新潟大学の下条Ｄｒ．（後に病院長、学長になられる）とＴ社（担当　基礎研　国友主幹Ｇ）の共同研究で世界で初めて解明出来たが、これもコーディネイトさせていただいた。

その後ＴＭＣは売り上げ数百億、高収益を維持出来る会社に発展出来た。

ところで、企業は生き物であり、新しい事業、プラスチック事業、炭素繊維事業、淡水化事業、メディカル事業（インターフェロン等の医薬事業も含め）等は発展し、会社に貢献し始めていたが、本体の繊維事業は構造不況に陥り、会社全体としては人に余裕が出てきた。

特に、昭和三十五年頃から大量に採用した大卒社員に余裕がでてきた。サラリーマンとして、じっと我慢して忍耐強くポストが空くのを待つか、自分で開拓にいくか、又、分かれ道が近づいてきた。

T社のトップが仲の良い大手精密機械メーカーのトップにH社のS社長がいた。人に余裕があるT社から五～六人H社に異動した。小生にも、H社のメディカル事業を拡大したいとのことで、四十四歳の時、本社の次長として来てほしいと言われ、異動を決断し、新しい道を歩くことに決めた。

六、Ｈ社時代（四十四歳〜六十歳）

Ｈ社の本社メディカル事業部で、新規事業を担当することになった。

当時、Ｈ社は売上げは数千億円ではあるが、電子事業、光学事業、クリスタル事業、メディカル事業で高収益を上げていた。

メディカル事業ではコンタクトレンズ、眼内レンズ等で高収益をあげていた。

メディカル事業ではメディカルレーザーを将来の新事業の一つとしたいとのことで、研究を進めていた。

しかし事業化にはまだ、五年以上先の見通しに思えた。ここ数年何をやるか、いろいろ考えた。

国内外を調べた結果、米国でＫＴＰ（カリウム、チタン、リン）という緑色のレーザーメスが開発され、日本市場にも進出したいという情報が入った。さらに調べると、日本の大手メディカル会社数社が契約交渉を進めていることが分かった。

Ｈ社は一番最後であったが、米国ＬＳ社の副社長とホテルで夜間、英語で一対一の契約交渉を進めた。

小生得意の熱意で相手の心を動かし、交渉がまとまった。

Ｈ社には資金が十分あるので、少し頭金を出し、輸入価格を安くしていただいたことも重要な要因であった。

Ｓ社長は契約するとき「売れるか」と質問され「売ります」と返事したことを覚えている。

一ヵ月程、米国に行き、大学病院のオペ室等にて、動物を用いて、レーザー内視鏡手術の技術を習得してきた。

写真3　米国へ向かう飛行機内にて

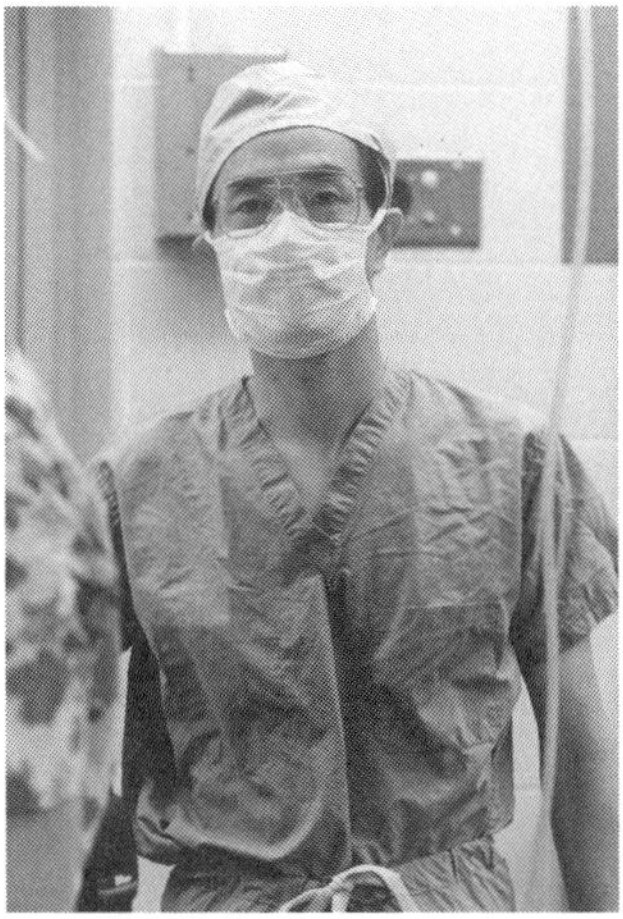

写真4　米国大学病院オペ室にて

Ｔ大、Ｋ大、Ｂ大等、四つの大学病院で臨床試験を進めた。午前中Ｔ大の外科、午後はＢ大の耳鼻科等で臨床立会をし、会社に帰ってから米国とのＦＡＸのやり取り、データのまとめ、新人の採用、教育、マーケティングの準備等Ｔ社時代の二倍の仕事量をこなした。

苦しい時、昔のＴ社の今村副社長（テニス部の監督をしておられた）から「君ならＨ社でも必ず成功する」と餞の言葉をいただいたのを思い出し頑張った。

努力の結果、短期間で厚生省（現・厚生労働省）の認可を得、全国へ数百台

ＫＴＰ／ＹＡＧレーザー手術装置、小型ＫＴＰレーザー手術装置を販売し、部長として、黒字化を達成出来たときは感無量であった（Ｔ社時代の友人、満俵氏を大阪の営業部長として採用し、拡販に努力していただいたこと、この場をかりて礼を述べます）。

約十年間、北海道、東北、関東、中部、関西などの全国の大病院にて全科（脳外科、耳鼻咽喉科、外科、内科、産婦人科、泌尿器科、整形外科、口腔外科など）の内視鏡、及び顕微鏡下の微細手術等で一〇〇〇回以上手術立会いを行った（今思うと仏教界でいう一〇〇〇日回峰行に近い苦労であった）。

応用物理学を学んだものとして、最新のＫＴＰレーザーを担当出来たのも嬉しかった。レーザー医学会誌にも投稿し掲載された（十六巻第三号）。（図1、2、表3参照）

（注）従来のCO_2レーザーは切開能力は良いが、凝固能力は劣り、又、ＹＡＧレーザーは凝固能力は高いが、切開能力が劣り、新たに開発されたＫＴＰレーザーは切開能力、凝固能力共に良い特性をもっている。

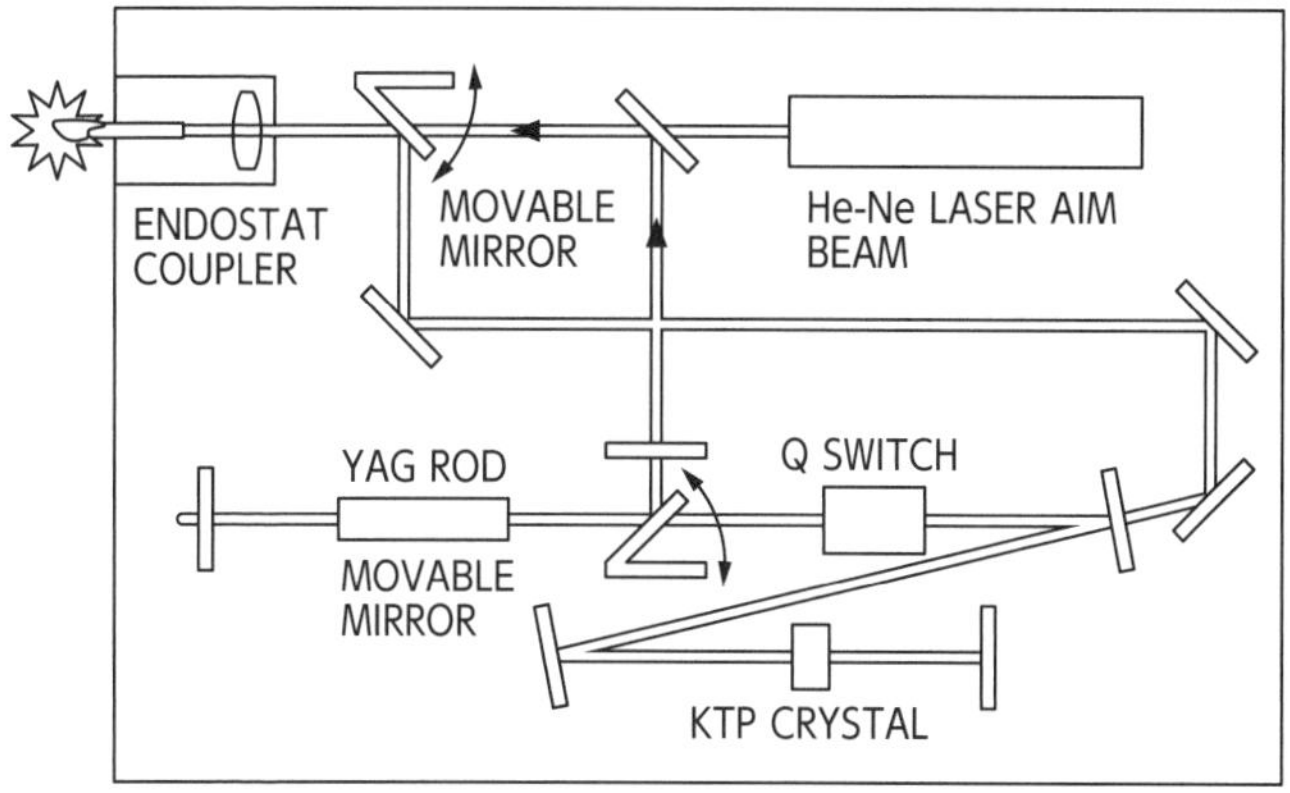

図1　KTY／TAGレーザーの構成

若者を採用する時、「少なくとも三年間は私と一緒に仕事をしてほしい、人生においてその三年間は絶対に後悔させません」と言ったのを覚えている。その後、この嶋根氏は、H社の営業課長として活躍していたのも喜ばしい。

また、個人的にもメディカルレーザー工業会の理事としても数年間活躍出来た。

また、内視鏡下外科手術研究会が発足した時サポートさせていただいたが、現在これが日本における内視鏡下外科手術学会まで発展しているのも喜ばしいかぎりだ（初代会長、元東大外科出月教授、共に米国の

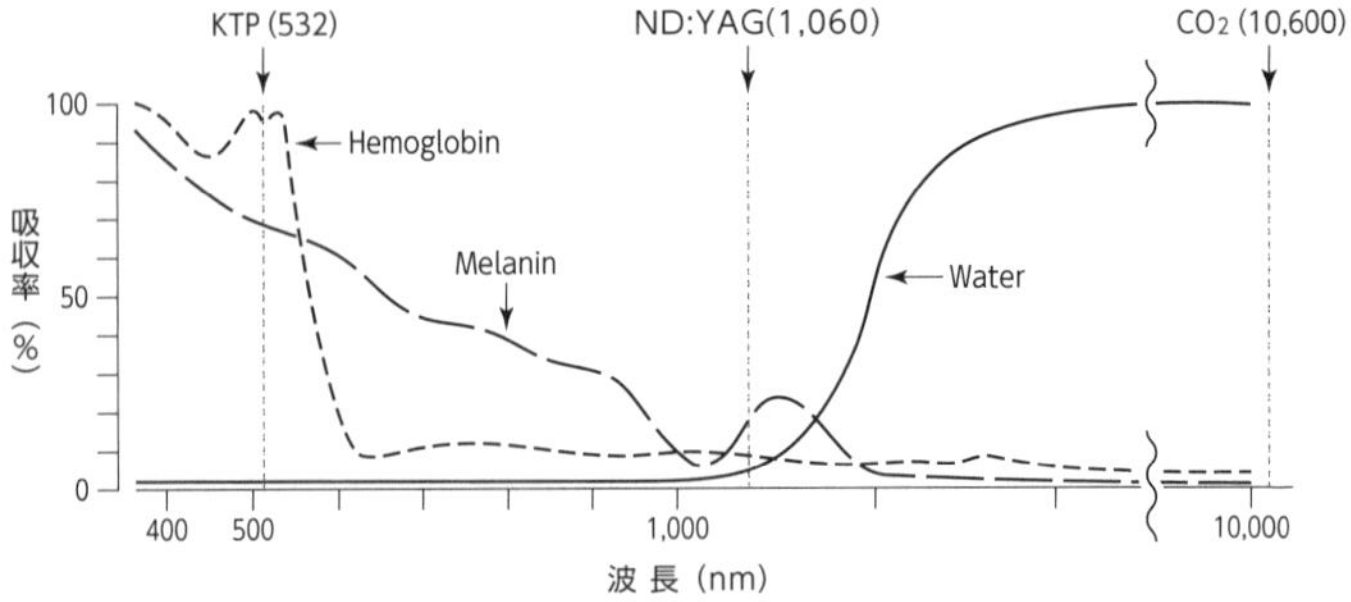

図2　各種レーザーの波長と
　　ヘモグロビン、メラニン、水に対する吸収率

表3　KTY／TAGレーザーの仕様

仕様 ＼ レーザーの種類	KTPレーザー	YAGレーザー
レーザーの発振波長	532nm	1064nm
レーザーの発振出力	0.05W～20W　可変	5W～50W　可変
照射時間	連続0.1～0.5秒　可変	連続0.1～0.5秒　可変
導光路	石英ガラスファイバー 0.2～0.6 mmφ	石英ガラスファイバー 0.3～0.6 mmφ
照準光（光量調節可）	半導体レーザー 650 nm（赤色）	
定格電源	AC200V　30A　単相　50/60Hz	
本体寸法	457(W)×711(D)×1219(H) mm	
本体重量	170 kg	

大学病院にて、内視鏡下外科手術の技術を学んだ)。

それから五~六年後、H社の米国の子会社が開発したQ-YAGレーザー(QスイッチYAGレーザー)が輸入され、皮膚科レーザーメスとして結成しておいた販売組織により全国に納入された。

又、その後国内の研究チームが開発したEr-YAGレーザーが硬組織(歯の骨)を削るのに適していることが分かり、販売組織により全国の歯科病院、医院に展開出来た。

真剣に物事を進めていると、未来が少々予測出来るのであろうか。

七、定年後(六十歳~七十五歳)

H社定年退社後、T社時代の友人の紹介で、MS社のマーケティング本部長として、ヨーロッパのフォトフェイシャルM/Cを二十台全国に販売した(H社時代、営業部長として採用した柴田氏の協力があったこと、改めて謝意を表します）。

その後、T社の先輩の会社で役員として緑化材料の開発、販売を担当した。

又、知人の会社で、ドイツの医療用高周波装置の事業化も担当出来た。

その後T社時代の友人（梶本氏）が副社長をしているNB社で営業本部長として米国の新製品（免疫を改善する商品）を販売し、又、自然免疫健康研究会の事務局長を担当した。

途中、野村不動産の子会社で、マンションの管理人の仕事をし、その勉強会で、約二〇〇人を相手に、健康について講演出来たこともなつかしい思い出である。

さらに七十歳を過ぎてから、野村アセットマネージメント㈱の独身寮で、管理人の仕事をし、時々大卒新入社員らと、人生について語りあえたこともうれしい思い出である。

さらに七十四歳のころ、大学の応用物理学科の一～二年生約七十五名に、「応用物理と道・その二」というタイトルで九十分間講義出来たこと、当時の工学部長（福井先生）、担当の古閑先生に礼を述べます。

このように長年仕事等に頑張れてこれたのは

①応用物理学
②体力（トレーニング、テニス、ゴルフ、山登り）
③英会話
④人との縁を大事にしてきたこと
⑤ねばり

等の効果であったと思う。

又、時々学んだ哲学、宗教学も非常に大切であったと思う。そして、常にチャレンジの精神を持っていたこと、物事を明るく前向きに考えたこと、そして、常に、感謝の気持ちを忘れなかったこと等が良かったと思う。

「人との縁」について

恩師との縁、同期の縁、会社の仲間、先輩、後輩、家族、地域の人、そしてクラブ仲間等の繋がりも大事にしたいと思う。

八、家族

二十七歳のころ、伊勢神宮の神様の縁もあり、名古屋で妻と出会ったことは、第一章の第八条で記した通りである。結婚して、しばらくの間、岡崎市の矢作に住んだ。近くの矢作神社に時々お詣りにいった。運良く明け方、太陽が昇った時、娘が生まれた。妻は英語劇で遊ぶ「ラボ」の先生をしていた。

写真5　シエナの教会の絵（ITOU画伯の作品）

東京に転勤してからも約四十年間継続していた。約三十五年前米国ホームステイ約七百名の引率責任者の一人として、自らも一ヵ月米国に滞在した。

娘は、好きな道として、ラボを十五年継続した。おかげで英語が大変得意になり、外資系の大手金融会社に勤めた。娘はストレスの多い仕事のせいか、結婚してもしばらく子どもが出来なかった。

ある時、銀座の個展でイタリアのシエナの教会を描いた絵を見た瞬間、感動をおぼえた。（実際にこの時の五年前に家族旅行でシエナの教会を見学した）画家にその絵をほしいと言ったが、先客があり売れたと言う。小生得意のねばりでお願いしたところ、「もう一枚描きましょう」と言っていただいた。

一ヵ月後、絵が完成し娘にプレゼントした。

その一ヵ月半後、病院で妊娠していることが分かった。毎日、シエナの教会の絵を眺め、心が穏やかになり、体調が安定したためか。翌年、初めての孫（男）が生まれた。小生は、その後も、時々、教会へ礼拝に行くようにしている。

孫も高校二年になり、体も大きくなり（百七十七㎝）、学問、運動に励んでいるようで喜ばしい。

九、近況（七十五歳以降）

（一）六年前の五月、福井県の若狭の神宮寺（冬、奈良の東大寺のお水取りの時のお水を送っている由緒あるお寺）へ行った。

昔から神さまと仏さまを一緒に拝んでいる。

いろいろな考えがあると思った。

（二）六年前の九月、台風が通過したあと、天気予報で快晴が五日間続くとのことで、北アルプス奥穂高岳に挑戦した。

　本格的な登山はあまり経験がなく、四十歳のころ、富山県の立山（三〇一五m）、長野県の木曽駒ケ岳（二九〇〇m）、七十歳過ぎて、二番目の兄（小生と違って本格的な登山家）と尾瀬にある燧ケ岳（二三五六m）に登った程度であった。

写真6　登頂最終の急傾斜の崖

　東京から夜行バスで朝五時に上高地についた。その日は涸沢（約二三〇〇m）小屋に宿泊。翌日朝五時に出発。ザイデングラードを経由して十時頃穂高山荘（約三〇〇〇m）に到着。初級程度の登山経験の小生には、約十三kgの荷物を背おってのザイデングラードの単独登山はかなり厳しかったが、五十年以上テニスを続けていたので、心肺機能、足の力がなんとかもちこたえた。

小屋に荷物を置き、休憩後、奥穂高（三一九〇m）の頂上に向かった。

途中約七十度の急傾斜の崖を約七十m程登った。クサリと鉄の梯子があったので小生でもなんとかギリギリ登ることが出来た。

三一〇〇mから先はゆるやかな傾斜で少しガスがかかってきたが安心して登ることが出来た。

（三）三年程前、八十歳に近づいたので、墓地を買おうと思った。いろいろ検討した結果、都内に本願寺系統（親鸞上人）の墓地があることが分かった。一・五坪買入し、墓を建てた。墓石の右側に、この本の出版を祈願して「穏やかな心」と刻んだ。
（四）最近新百合ヶ丘のマンションを売却し、神奈川県の湯河原町の吉浜の一軒家に引越した。この場所は真鶴駅から湯河原駅へ走っている路線バスの「天保山」バス停に近い。

この「天保山」という地名には不思議と縁を感じる。

これまで住んだところは武生市の「陽願寺」近くの「泉町」に始まり岡崎市の「矢作神社」の近く。次に二十九歳で家を建てた名古屋市郊外の「和合」。次に三十五歳で神奈川県の新百合ヶ丘駅近くの「王禅寺」。渋谷区「神宮前」のマンション。

寺に関係するのは「陽願寺」「王禅寺」

神社に関係するのは「矢作神社」「明治神宮」

平和天に関係するのは「和合」「天保山」

現在は、正月は源頼朝ゆかりの「伊豆山神社」に参拝する。

写真７　墓石に刻んだ「穏やかな心」

（五）現在、仕事としては、自然免疫強化製品のマーケティング活動、大学、工業会の関東支部の理事の仕事、この本の執筆活動など。

趣味としては、週一、二回テニス、囲碁。

時々ゴルフ、健康マージャン、年に一～二回の山登り。その他に軽井沢と湯河原の家の庭いじり、茶道、生け花を少々。

又、毎日、一回、各種身体トレーニングを実践している。

最後に、今後とも寺、神社、教会への礼拝（お詣り）を続けていきたい。

又、近く市民大学等での講義、講演を行っていく予定である。

十、運について

最近（二〇二三年九月十日）、脳科学者の中野信子先生が『科学がつきとめた「運のいい人」』（サンマーク出版）という本を出版された。

この本の中で、運のいい人は、①世界の中心に自分をすえる、②自分は運がいいと決め込む、③他人と共に生きることを目指す、④目標を自分なりの幸せのものさしで決める、⑤祈るなどをまとめている。

八十一年ほど、人生を経験してきたが、いろいろな運に恵まれてきた。

①二歳のころ、餅がのどにつかえたトラブルからの生還
②五歳ごろの地震からの脱出
③小学六年、寺の娘の伴奏で歌を唄い、一週間後、マラソン大会で優勝した運
④高校三年の時の「おみくじ」で当たった大黒さま
⑤制電性繊維の研究の成功
⑥伊勢神宮の神様のご縁があり結婚
⑦Ｔ社岡崎工場での十年間かけての技術開発の成功
⑧東京・仙台での人工臓器販売の成功
⑨Ｔ社東京本社でのメディカル新製品企画での成功
⑩米国、ＫＴＰ／ＹＡＧレーザーの導入事業化の成功
⑪イタリア製美容皮膚科利用装置の販売の成功（六十一歳）

⑫七十歳で、営業本部長として、米国、免疫強化整品を担当した運
（以後十年間、風邪をひいたことがない）
⑬銀座の個展で、イタリアシエナ教会の絵に会えた運
⑭七十五歳で、北アルプス奥穂高岳の単独登頂に成功し、雲の中の「悟りへの道」を歩けた運
⑮八十一歳で、二十年かけて研究してきた「二十一世紀の幸福論」を完成させ、東京の出版社で全国販売が可能になった運

いろいろ運の良かったことを振り返ると、中野信子先生が説明している「運のいい人」にほとんどマッチングしていることが自分でも驚きである。

小生は長年、この本の十五ヵ条を実践して生きてきたので、逆に言うと、この十五ヵ条を実践すれば、運も良くなり、より幸せになり、全員が穏やかな心になり、悟りへの道を歩けると考えられる。

第三章

日本著名人七名、世界著名人七名について

一、日本著名人七名について

今回は、この本の「穏やかな心、悟りへの道」に関係する日本人のキーマンとして七名を選んだ。これは主として、著者の人生に関係があった人、穏やかな心、悟りへの道の絵図の各部分に関係ある人を中心に選んだ。又、日本だけでなく、世界とのバランス等も考慮した。日本著名人では順に、継体天皇、親鸞、道元、福沢諭吉、豊田佐吉、中村天風、美智子上皇后を記してゆく。

（一）継体天皇（越前の国で活躍）

第二十六代天皇が継体天皇で日本書紀では八十二歳（西暦五二七年）で崩御したと書かれている。父は応神天皇の五世の孫、彦主人王《ひこうしのおおきみ》、母は垂仁天皇の七世の孫、振姫《ふりひめ》といわれている。

写真8　味真野（越前市）にある継体天皇の銅像

継体天皇は天皇になる前は、男大迹王《おおとのおおきみ》と言われており、父が早く亡くなったため、母のふるさとである福井県で育てられ、青年から中年の頃は、福井県の越前等で活躍したと記されている。

特に土木、農業、養蚕に力を発揮し、人を愛し賢人を敬い、心広く豊かな人柄であったという。

第二十五代武烈天皇は皇子も皇女もいなかったため、亡くなったあと、越前にいた男大迹王が大変人柄が良いとの評判から、大伴金村らが天皇に迎えたとされている。

ここで言いたいことは、男大迹王が「心

広く豊かな人柄」「大変人柄が良かった」ため、天皇に迎えられたということである。

日本書紀に、五二七年に九州筑紫（福岡県）の豪族、磐井が反乱を起こし、継体天皇の大和朝廷は、軍事を担う物部氏の将軍らを送り、反乱を鎮圧したと記されている。

当時、九州の豪族は朝鮮半島の新羅と結んでいて、朝鮮半島の百済と同盟していた大和政権に反発し、九州の豪族は、独立しようとして反乱を起こしたともいわれている。

継体天皇は、最後の大きな仕事として、九州を征伐し、ほぼ日本をまとめたと考えられる。

天皇家は、その後継体天皇の子どもの第二十九代欽明天皇、孫子の第三十一代用明天皇（聖徳太子の父）、ひ孫の子第三十八代天智天皇、同じく第四十代天武天皇とつながり、その系統が現在の第一二四代昭和天皇、第一二六代今上天皇へつながっていると記されている。

継体天皇の陵墓は大阪府茨木市の太田茶臼山古墳が宮内庁の指定を受けて管理されている。

一方で、高槻市今城塚古墳は真の陵墓として、国史跡に指定され、調査と整備が続けられている。

学術的には、今城塚古墳に間違いないといわれている。大型の前方後円墳で、二重の濠《ほり》をめぐらすなど見るだけでも圧倒的なもののこと。全長約三五〇m、全幅約三四〇mの大きさです。巨大な古墳で、複数の濠をもつということは、葬られた人の身分が格段に高いことを示していると、森田らの本に記されている。

(二) 親　鸞

一一七三年、公家の日野有範の子として生まれた。九歳の時、母が亡くなると、青蓮院の慈円の弟子となり、範宴と号して出家した。九歳から二十九歳のころまで、比叡山にて、内外の文献等を読み、堂僧として修行した。

しかし、比叡山と決別し、妻帯を決意し、恵信尼と結婚し、本願念仏の教えによる成仏の道を一心に求めることになり、よき師　法然にめぐりあった、と記されている。（早島鏡正、『親鸞入門』　講談社　一九七一年）

小生も、学生時代、吉川英二作の親鸞を読み、出家した人であったが結婚し、家庭を持ったことに親しみを感じたのを覚えている。

親鸞に関しては「善人なおもて往生をとぐ、いわんや悪人をや」「教行信証」「歎異抄」などが有名である。

親鸞は九十歳で京都善法院において入滅と記されている。

蓮如は本願寺第七代往持・存如の長子に生まれ、当時まだ天台宗の傘下にあった微々たる本願寺を、宗祖、親鸞の精神に回帰することにより、現在の真宗教団の基盤を確立した。

蓮如が生まれたのは、一四一五年二月十五日、彼がなくなったのは一四九九年三月で数え年八十五歳の生涯だった。人生五十年の時代であり、ずばぬけた生命力には驚きである。

蓮如の先祖の親鸞も九十歳まで生きたので、長寿のＤＮＡがつたわっていたことと思う。

歴史に名を残した人は体力もあったのかとも思う。

蓮如は京都東山にある本願寺の僧侶の子として生まれたが、その後、縁があって、越前の三国（吉崎）で布教活動をしている。現在でも春になると、福井県吉崎では盛大に蓮如忌がおこなわれ、四月十七日には京都の東本願寺から蓮如忌にむけて、行列が出発する。

小生が子どものころ、武生の円宮寺（たまたま小生の実家が檀家総代をしていた寺）に行列が一泊していたため、時々行列が通るのを、小さい時、手を合わせながら見送ったのを覚えている。

この蓮如は、当時、大名、貴族と同じような立場にもいたが、人々に対する接し方は、気さくで率直であったとも、本には書かれている。

皆様にも悩みがあった時、哲学書以外に、仏教、キリスト教等の宗教の本を読むのも一助になることもあるのかなと思う。

蓮如は夫人が亡くなったため、五回も結婚し、子どもが二十七人いたこと、そしてまた八十四歳の時、最後の子どもが生まれて、八十五歳でなくなったことが事実として記されている。

現代の若い人達が、独身であったり、又、結婚しても少子化の家庭が多い時代、自分のＤＮＡの存続という点で蓮如には興味深い一面もあるように思える。

今日、今、生きている喜びを、赤ん坊の時から守っていただいた親鸞上人に改めて感謝します。

(三) 道　元

道元は一二〇〇年に生まれ、彼が三歳の時、政治家の父が亡くなり、生母は八歳の時に亡くなった。そのためか、十三歳で出家のため、比叡山に登った。

そして、さらに道を極めるため、二十四歳で中国（宋）に渡り、生涯の大師如浄禅師に出会い「仏とは、まさに日常生活の自分の中に生きていることを発覚し」、悟りを開いて日本に帰ったと本に書かれている。

鎌倉幕府にも一時協力していたが、その後、縁があって、越前の波多野豪族の招きもあり、永平寺を開いた。

入越まもない寛元元（一二四三）年七月、道元はまだ住み慣れない禅師峰にあって、さっそく「正法眼蔵」（三界唯心）巻を高らかに説示する。この越前寓居時代の道元による「正法眼蔵」の示象は、わずか二年未満で実に三十余巻を数える。

そして寛元元年九月一日、法堂がすべて竣工し、その法命の来衆は数千人を超えたという。そして吉峰寺より移った道元は、この寺を「吉祥山大仏寺」と命名した。そして、道元は「鉢盂」巻など「正法眼蔵」を数巻著す一方、精力的な修業が展開されている。

寛元四（一二四六）年六月十五日、道元は大仏寺を「永平寺」と改める。

道元はこの上堂において、釈尊が「天上天下唯我独尊」と述べたのにちなみ、「天上天下、当処永年」と示衆したのである。

その後、病に伏せるようになった道元は、建長五（一二五三）年七月、永平寺の住持職を懐弉《えじょう》に譲り、上洛して病養すべきとの波多野義重らの進言により同年八月永平寺を後にし京へ向かう。周囲の看病もむなしく、建長五（一二五三）年八月二十八日夜半、道元は入寂する。道元の五十四年の生涯は、正伝の仏法とともにあった。

四十年程前に、しばし永平寺を訪問したことがあるが、きれいに整理、整頓、清掃がされており、身辺をシンプルにすることが瞑想するのに良いと感じた。

(四) 福沢諭吉

一八三五年一月十日（天保五年十二月十二日）、大阪堂島中津藩倉尾敷に生まれる。二歳で父が病死し、母子六人が中津に帰る。兄が十一歳で家督を相続。

十四、五歳頃　儒学者　白石照山に学ぶ。

その後、大阪にきて緒方洪庵の適塾（蘭学塾）に入門する。その後、大阪と中津を行ったり来たりするが二十三歳のころ、緒方塾で塾長になる。

藩の命令で、江戸に出る。築地鉄砲州の奥平泉（藩の家考）中屋敷の長尾の一軒で

二十四歳のころ蘭学塾を開く（慶應義塾のはじまり）。

二十五歳の時、横浜を見物して、オランダ語が役にたたないことを知り、英語に転向を決心する。

二十六歳で軍艦咸臨丸に乗って、浦賀をたち、サンフランシスコにつき、帰途ハワイにより、約四ヵ月後帰国する。この旅行で中浜万次郎とともにウェブスター辞書を買って帰る。

帰国後、幕府の翻訳方に雇われる。

二十七歳で、中津藩士土岐太郎八の次女、錦と結婚する。

そのころヨーロッパに派遣される幕府の使節の随員となる。

一八六二年一月、長崎を発し、インド洋から紅海を経て、スエズの地峡を汽車で越え、地中海を渡り、マルセイユに着く。フランス、イギリス、オランダ、プロシア、

ロシア、ポルトガルを歴訪し、十一月帰国。

一八六三年、英語を深め、塾生にも教えはじめる。十月長男一太郎が誕生する。

一八六四年、秋、幕府に召抱えられ、外国方翻訳局に出仕する。

一八六六年、西洋事情の初論を出す。（初冬刊）一月下旬、アメリカに赴き東部諸州の都市を見て、六月下旬帰国。

一八六八年、四月鉄砲州から新銭座に移り、時の年号により、慶應義塾と名のることになる。西洋事情外編（夏ごろ刊）

一八六九年、福沢諭吉の名で出版業の自営にとりかかる。

一八七〇年、三田の島原藩邸の借り受けとその建物の払い下げに成功。西洋事情二編（初冬刊）

一八七一年、慶應義塾を新銭座から三田に移し、自分も転居。

一八七二年、政府から借りていた地所の払い下げを受ける。学問のすすめの初編を刊行する（三月）

一八七三年、慶應義塾医学所を設置
一八七四年、慶應義塾幼稚舎を設置。

一八七九年、東京学士会が設立され、初代会長に選ばれる。

一八八〇年～一八九八年、交詢社発会式、政府の機関新聞発行に協力する。学問之独立、全国徴兵論、日本婦人論、男女交際論等を刊す。

一九〇一年、脳溢血再発し、二月三日没す。（六十七歳）

明治維新前後の日本の発展のため、諸外国を廻り、それらを本にして出版し、日本が明治時代、諸外国に追いつくために、いろいろ、教育、文化面で努力をされた。原点は語学、ヨーロッパ、米国訪問にあると思われる。

（五）豊田佐吉

一八六七年二月十四日、静岡県敷知郡吉津村大字山口十三番地（現在の湖西市）に生まれる。

一八七九年、吉津村の小学校を卒業（十二歳）

一八八五年、「専売特許条例」のことを、佐田先生に聞く。

一八八六年、ここから三年間程、時々、山口夜学会へ行く。東京へもしばし遊学に行く。

一八八七年、山口村で大工の修業
一八八八年、村外れで、織機の研究を始める。

一八八九年、知多郡岡田村へ機械の研究に行く。

一八九〇年四月、内国勧業博覧会で外国製織機を見る。

十一月十一日独力で豊田式木製人力織機を発明。

一八九一年五月　特許を得る。

一八九二年、浅草で製織、販売を開始。

一八九三年、二十六歳で佐原豊作の三女たみと結婚。織機製作、不振で工場閉鎖、山口村へ帰る。

一八九四年、六月十一日、長男喜一郎誕生。

一八九五年、糸繰返機の特許を取得。豊田式織機発明、豊田商店に名称変更。

一八九六年、名古屋で糸繰返機の製造販売、（二十九歳）

一八九七年から約三十年間、数々の自動織機の特許を取得。その間で、三井物産の要請により、井桁商会の技師長等を務めるが、一九〇一年に技師長を辞任する。

一九〇二年、豊田商会を設立し、さらに大きくし発展させていく。

一九一七年、長男豊田喜一郎が東京大学を卒業。当初織機の研究、開発、生産に従事する。

一九二六年、豊田佐吉、帝国発明協会から恩賜発明賞受賞。

一九二七年、佐吉、勲三等瑞宝章受章。

一九三〇年、十月三十日、佐吉、死去（六十三歳）

一九三三年、豊田自動織機製作所に自動車部を設置する。

一九三七年、トヨタ自動車工学設立。

豊田佐吉は、小学校卒業後、夜間学校等に行き、日中は大工の仕事、時には織機の工夫、発明などをし、やっと二十八歳頃、発明した織機が順調に生産、販売につながり、今日のトヨタに繋がっていった。

小学校を出てから（十二歳）約三十年間、苦労、努力の連続であったと考えられる。

現在のトヨタGの発展を考えると豊田佐吉の「努力の継続」がいかにトヨタにとって、日本、世界にとって重要であったかが分かる。

(六) 中村天風

一八七六年（明治九年）、東京王子に生まれる。

東京本郷の小学校を卒業後、福岡の名門中学修猷館に入学。

十六歳頃退学し、玄洋社の頭山満に預けられ、満州と遼東半島方面の偵察調査の仕事をする。

二十六歳ころ、参謀本部諜報部員としての特殊訓練を受け、満州で日露戦争開戦前の情報収集を行う。

二十八歳(一九〇四年)日露戦争開戦。重傷を負いながらも軍事探偵として活動する。

三十歳（一九〇六年）結核を発病。治療を受けるが回復せず。

三十三歳ころ米国で医学を学ぶ。その後イギリス、フランスへ行く。

三十五歳、(一九一一年)帰国途中、エジプトのホテルでインドのヨガの聖人カリアッパと会い、ヒマラヤ山脈のふもとでヨガの修業を始める。

二年数ヵ月、滝のそばや密林の中で、瞑想にふけったある日、何ものにもこだわっていない無心の瞬間にいることに気づいた。このようにして、ヨガの秘法を伝授され、病気も回復し、帰国した。

三十七歳で帰国すると、いくつかの会社も経営し、銀行の頭取にもなる。

六年程、実業界に身を置き、花柳界にも入り浸って、遊び、大磯や葉山にも別荘を持ち、ぜいたくの限りを尽くしたが、心から楽しいと思ったことはなかったという。

四十三歳の時、天風が一切の社会的地位を棄て、たった一人で「統一哲医学会」のちの「天風会」を立ち上げ、公園などで道行く人に説教を始めた。それを聞いた一人に検事長の向井巌がおり、その話の内容が人間の真理にたっていることを理解し、時の総理大臣、原敬に紹介した。こうして天風は丸の内にある日本工業倶楽部で講演することになった。

教えを受けた主要人物を記す。原敬（元首相）、東郷平八郎（元海運元帥）、尾崎行雄（元法相）、倉田主税（日立製作所元社長）、飯田清三（野村証券元社長）、山本五十六（元海運元帥）、松下幸之助（松下電器元社長）、稲盛和夫（京セラ元社長）

中村天風の「心身統一法」は、スポーツマンにも愛用され、王貞治や、米国大リーガー大谷翔平、松岡修造（元テニスプレーヤー）らにもいかされているといわれている。

「心身統一法」を実行すると、心と体が結合統一され、その結果、①体力②胆力③判断力④決断力⑤精力⑥能力が増大するとのこと。特に天風は第一に「体力」をあげており、体力あってこそ、思考力などの能力が発揮されるといっている。

天風会館の隣の護国寺の境内での「統一式運動法」などが長く続けられている。中村天風は昭和四十三年（一九六八年）十二月死去。九十二歳までの長生きであり、現代なら、百歳を超えられたと思われる。

（七）美智子上皇后

美智子上皇后を知ったのは、高校一年の秋（一九五八年十一月下旬）であった（十六歳の時）。

聡明で美しい写真、テニスと英会話も堪能でおられる記事を読み返した。皇太子殿下との軽井沢のテニスコートでの出会い。私も大学に行ったら、ぜひテニス部に入りたいと思った。

その時から、約六十四年が過ぎ、大学一年で始めた硬式テニスを約六十二年間続け、八十一歳になった今、現在元気でいられるのはテニスを含めた身体トレーニングの効果が大きいと思う。

研究開発時代約十三年間困難な仕事を続け、壁にもぶちあたったが、無事こえられたのもテニスなどを含め運動を続けたことによるところが大きい。（共に開発をしていた、上司らも、苦労から胃をやられ、困難で仕事から離れていったこともあった）

又、大学で英会話クラブに入り、米国の仕事を担当した時、米国の会社の副社長と夜間、ホテルで、一対一で英語で話すことが出来、その後のヨーロッパの会社の人との話し合いも英語で出来、大変役に立った。正田美智子さまの写真を見た時、高校一年の小生も将来はこのような聡明で美しい方と結婚したいと思い、努力しようと考えた。約十年後二十七歳のころ、同じように聡明でオーラを感じさせる女性に会い、努力の結果が報われた。

その後も美智子妃の写真や記事からは少々豊かで少々倹しい人生を生きてゆく上で大いに勇気づけられ大変有難かったと思っている。

二、世界著名人七名について

穏やかな心、悟りへの道に関する世界のキーマンとして七名を選んだ。著者の人生に関係あった人、穏やかな心、悟りへの絵図の各部分に関係ある人物を中心に選んだ。世界の著名人として順に孔子、ブッダ、キリスト、ムハンマド、ノーベル、バートランド・ラッセル、オバマ元大統領を記していく。

(一) 孔子

孔子は紀元前五五一年生まれ、四七九年に亡くなる。中国周王朝晩年の魯(山東省)という国の出身。春秋時代の思想家として有名。

父親が三歳の時亡くなったため、母親の手一つで育てられ、貧しい幼年時代を過ごしたとのこと。十七歳のころ母親も亡くなる。

成人すると、魯の役人として倉庫を管理する仕事を得る。孔子は優れた才能で頭角を現し、順調に出世したとのこと。

古典に詳しく、「礼」を知るものとして少しずつ認められ門弟も集まり始めた。五十二歳のとき、どうにか大司寇（司法長官）となった。

孔子は政治に改革をもたらそうとクーデターに加担したが、うまくいかなかったようである。役職を辞し、五十六歳から諸国放浪の旅が始まる。再び魯に戻ったのは六十九歳になってからであった。

この間、十三年八ヵ国を「徳」を説いて歩いたが、いずれも仕官するにはいたらなかったとのこと。

七十四歳で他界するまで弟子の育成に力を注ぎ、生涯の弟子は三、〇〇〇人を超える。この間五経（春秋、詩経、書経、易経、礼記）をまとめている。四書、論語、孟子、中庸、大学を含め論語の教えとして有名である。

徳の心の中で、優しさ、思いやり、忍耐などは重要であり、家庭、学校、社会、友人関係において、特に大切にしたい。実践していると、人生が明るくなっていき、さらに幸せになっていく。

孔子は紀元前の古い時代から「徳」を教え、現代でも、その教えが人々に活かされていると考えられる。

(二) ブッダ

究極の悟りに達し、仏教を開いた聖者。

後にブッダと呼ばれるゴータマ・シッダールタは紀元前四六三年、北インドの釈迦族の王子として生まれた。

紀元前十三世紀頃、アーリア人がインドに侵入してきた。アーリア人は西洋人と同じ系統の人種で、彼らは東洋系の先住民族や辺境の諸民族を支配した。アーリア人が先住民族を支配するために作りだしたのがバラモン教である。バラモンと呼ばれる僧侶階級を頂点にした階級制度で、のちのカースト制度につながるものである。

釈迦族は、ネパールのあたりにいました。支配民族のアーリア人からは辺境の劣等民族と見なされていたようである。釈迦族はのちに、アーリア人のコーサラ族によって根絶やしにされたとのこと。

そのコーサラ族はインドを統一したマダカ族によって滅びるのですが、マダカ族はブッダに帰依し、仏教を全インドに広める役割を担った。

ブッダの母（マーヤー夫人）は、ブッダを生んで七日後に亡くなり、母親の妹に育てられる。

十六歳になると、一族の娘と結婚し、子どもをもうけ、表向きは幸せに暮らした。

しかし、老、病、死の悩みが深かったブッダは、決意を固め、二十九歳で出家した。

各地の仙人の門を叩いて、修行したり、苦行を行ったりした。

苦行は六年にも及んだ。しかし悟りを得ることは出来なかった。

悟りは王宮での快楽にも、修行での苦行にもないと気づく。そこで苦行を捨て、川のほとりで身を清め、菩提樹のもとで瞑想をはじめた。

瞑想に入って七日目の満月の夜、ついに悟りを開く。三十五歳の時である。

ブッダは苦行時代をともにしたことがあった五人の修行者に教えを説く。五人は同じように悟り、ブッダに帰依する。


ブッダらは伝道活動をはじめ、たちまち一〇〇〇人の弟子が集まったという。ブッダは八十歳で亡くなったが、そのときまで伝道活動をつづけた。

その後、二〇〇年ほど経った時ブッダの教えをどう解釈するかで、上座仏教と大乗仏教に分かれる。

上座仏教の大きな特徴は、悟りを開けるのは修行している僧侶だけで、普通の生活をしている仏教徒は悟りを開くことは出来ないと考えた。この教えは、タイ、ラオス、ミャンマーなど東南アジアに広がっていき、いまでも広く信仰されている。

一方、大乗仏教というのは、ブッダの教えを深めていくのもいいけれど、もっと人々の生活のなかに入っていって、直接人の苦しみを救うべきだと考えた人たちの集まりである。

大乗仏教では、信仰している僧侶だけでなく、だれでも悟りを開ける可能性があるといわれている。この大乗仏教は、中国、朝鮮半島に伝わり、日本にもやってきた。

歴史的にみて、日本では仏教が衰退した時期はなく、いまでも葬式といえばたいてい仏教のスタイルで行うし、小さな町や村にもお寺がある。仏をお拝み、それを続ければ、誰でも心が穏やかになっていく。

(三) キリスト

イエスが生まれたのは紀元前四年。西暦一年がイエスの生年のはずでしたが、学術的な研究によって、それよりもやや早かったと考えられるようになっている。

イエス誕生にまつわるエピソードは『ルカによる福音書』に次のように記されている。

「ガラリヤのナザレに住む大工のヨセフと婚約者のマリアは、天使ガブリエルによって妊娠を告げられる。ヨセフは悩むが、マリアを妻として受け入れる。

ローマ皇帝の命により、住民登録を出身地で行うことになったヨセフは、マリアとともに出身地ベツレヘムに旅立ち、そこで産気づいたマリアは、小さな家畜小屋でイエスを出産。このとき、メシア誕生のお告げを聞いた東方の賢者三人と羊飼いがお祝いにかけつけた。

一方メシア誕生のお告げにおびえたヘロデ王は、ベツレヘムとその周辺の二歳以下の男児の皆殺しを命じたが、ヨセフとマリアは天使に導かれてエジプトに逃げ、難を逃れた」

当初イエスの人生は平凡なもので、故郷ナザレで大工として働いていた。

ところが三十歳のころになると、突然家族も仕事も放り出して、出家のようなかたちで宣教活動に身を投じた。

イエスは、ヨルダン川のほとりで宣教活動を行っていたヨハネの洗礼を受ける。ヨハネは「神の怒りの審判の時が近づいた」として、人々に罪の悔い改めを促すため、洗礼を施していた人物である。

人々はヨハネをメシアと考えていたが、ヨハネ自身はそれを否定して、「自分よりも優れた者が到来する」と預言した。その「優れた者」がイエスであった。

洗礼を受けたあと、修行のため荒野で断食をしていたイエスは、悪魔と対峙するが、悪魔の三つの誘惑を退けたイエスは、宣教活動に入りました。

イエスは進んで貧しい人々や差別を受けている人々のあいだに入っていった。律法によって差別や偏見にあえいでいた人々を、愛の教えで救おうとしたのである。

イエスが教えた「愛」には二種類ある。

一つは「神に対する愛」で、もう一つは「隣人愛」である。

神のみならず、全ての人を愛することは、世界や宇宙の平和に繋がっていくと考えられる。

イエスは、十字架に磔にされて死にましたが、この死はイエスが「人類の罪の身代わりになった」ことを意味している。

そして、イエスが復活して昇天したということは、「神が人類の罪をゆるしてくれた」と解釈されている。

キリスト教では、イエスが身代わりとなって行った神への罪の償いを信じることで、だれもが原罪から解放されると教えている。

宗教には、たった一つの神を崇める一神教と、複数の神を崇める多神教がある。古くからの日本人が親しんできた日本の神様や仏様を家の中で拝むのは多神教と考えられる。

宗教の共生がより進んで、世界の平和に繋がっていくことを祈るばかりである。

(四) ムハンマド

イスラム教を創始した預言者。

五七〇年、アラビア半島のメッカに生まれた。クライシュ部族の一氏族のハーシム家の長男である。父は生まれる前に亡くなり、又、母も六歳で亡くなり、ハーシム家の家長のもとで育てられた。

富裕な未亡人ハディージャのもとで働いていたムハンマドは、二十五歳のときに隊長をまかされ、さらに商人としての高い素質を気に入ったハディージャは、結婚を申し出た。ムハンマドは、ハディージャとの結婚で、はじめて温かい家庭を手に入れたとのこと。

六一〇年、四十歳のころ、ムハンマドはメッカ郊外のヒラー山の洞窟で瞑想にふけっていると、異様な体験をした。

何者かが現れ、いきなり「読め」と言った。私は「読めません」と答えると、その何者かは、言葉を発したとのこと。その言葉を復唱すると、その何者かはさらに言葉を続けた。

ムハンマドはアラビア語による聖典の言葉が出てくるのに気づいた。ムハンマドはそのことを妻といとこにしかつたえなかった。二人はこれは神から授けられた啓示だと思った。

六一二年（四十二歳ころ）、ムハンマドは、教えを説き始め、信者も増やした。

ムハンマドは、信仰と権力の象徴であった「カバー神殿」に行き、「アッラーのほかに神はなし、ムハンマドはアッラーの使徒なり」と宣言した（当時のカバー神殿はいろいろな信仰の対象である礼拝が祀られていて、アラビア半島の各地から巡礼者が訪れていた）。クライシュ族は、これまでの政治的、経済的な地位も脅かされると思い、ムハンマド達へ弾圧していく。

六二十年（五十歳ころ）、メッカの北方にあるヤスリブという町で、部族間の抗争があり、これを鎮めることが出来るのは、ムハンマドであると、巡礼者達が彼のところにきた。

巡礼者達は彼を預言者と認め、彼をヤスリブへ移住することを勧めた。

六二二年九月、ムハンマドはヤスリブに到着した。

（ヤスリブはその後、「メディナ」と呼ばれるようになる）

メディナでは、ムハンマドは一つの共同体（ウンマ）を作り、六二七年ごろには、メディナの人はイスラム教に改宗していきました。

軍事的リーダーとして、ムスリム（イスラム教）の共同体をまとめ、ムハンマドはクライシュ族との戦いにも勝利しました。

六三〇年、一万のムスリム軍がメッカに迫ると、メッカ軍は降伏した。

メッカを征服したムハンマドの名声は高まり、アラビア半島の多くの部族が同盟を結び、イスラム教を受け入れ、アラビア半島は統一された。

六三二年（六十二歳）、ムハンマドは最後のメッカ巡礼のあと、病気になり、亡くなったとのこと。

ムハンマドは神の言葉を伝える「最後の預言者」といわれている。

イスラム教は、その後長年にわたり、アラブ人の帝国から、イスラム教の帝国へと発展していく。十六世紀のころには、オスマン帝国が小アジアから、北アフリカに及ぶ地域まで支配し、世界的にイスラム教が広がっていった。

（参考文献、カレン・アームストロング『イスラームの歴史』、イブラーヒム・サルチャム『イスラーム正しい理解のために』、沢辺有司『三大宗教の本』、中村圭志『聖書、コーラン仏典』、宮田　律『イスラム・パワー』、小杉　泰『イスラーム帝国のジハード』、黒井文太郎『イスラム国の正体』、高橋和男『中東から世界が崩れる』、飯山　陽『イスラム二・〇』に感謝致します）

(五) ノーベル

アルフレッド・ベルンハルド・ノーベルは、一八三三年一〇月二十一日、スエーデンのストックホルムで生まれた。一八九六年一二月十日没す（六十三歳）。

父、インマヌエル・ノーベル、母アンドリエット・ノーベル。

兄弟姉妹は、三人。

スエーデンの科学者、発明家、実業家で、ボフォース社を鉄工所から兵器メーカーへと発展させ、数多くの特許を取得した。

ダイナマイトの発明でも有名である。


一九〇一年、ノーベルの遺言により、ノーベル賞が始まった。

物理学、化学、生理学、医学、文学、経済学、平和などで顕著な功績を残した人に贈られる（経済学賞だけはノーベルの遺言になくスエーデン国立銀行設立三〇〇周年記念祝賀の一環として、一九六八年に設立された)。

アルフレッド・ノーベルは、スエーデンの発明家・企業家で、ダイナマイトなどさまざまな爆薬や兵器をつくり、莫大な富を築いたが、一部から批判の声が上がっていた。

兄のルードヴィがカンヌで亡くなった時、フランスのある新聞が、アルフレッドが死去したと間違って報道し「死の商人、死す」としたことを悩み、遺言において「自分の財産を有価証券に投資をし、継続される基金を設立し、その毎年の利子について、前年に人類のために、最大に貢献し人々に分配されるものとする」と残した。

一八九七年まで、この宣言がノルウェー国会において承認されなかった。ラグナル・ソールマンとルドルフ・リエクフィストらの努力により、ノーベル財団設立委員会を設立し、ノーベル賞の準備を行った。

一八九七年四月、ノルウェー・ノーベル委員会が設立され、選考体制が整った。一九〇〇年、ノーベル財団の設立法令がスエーデン国王オスカル二世によって公布された。ノーベル賞はその歴史と伝統によって、権威が高い。

日本では
一九四九年　湯川秀樹（物理学賞）
一九六五年　朝永振一郎（物理学賞）
一九六八年　川端康成（文学賞）
一九七三年　江崎玲於奈（物理学賞）
一九七四年　佐藤栄作（平和賞）
一九八一年　福井謙一（化学賞）
一九八七年　利根川　進（生理学医学賞）
などが受賞している。

世界では、アメリカ人
イギリス人
ドイツ人
の順に多い。

(六) バートランド・ラッセル

一八七二年五月十八日、イギリス、モンマスシャー州生まれ。

一九七〇年二月二日、九十七歳で亡くなる。

第三代ラッセル伯爵バートランド・アーサー・ウイリアム・ラッセルは、イギリスの哲学者・論理学者、数学者、社会批評家、政治活動家である。

貴族のラッセル伯爵家の当主であり、イギリスの首相を二度務めた初代ラッセル伯ジョン・ラッセルは祖父にあたる。

結婚は、一八九四年・一九二一―一九三五年、一九三六年、一九五二年など四回程

しており、最後の結婚は八十歳のときであった。

一九五〇年（七十八歳）ノーベル文学賞を受賞している。

一九五〇年には核兵器の廃棄などを訴えるラッセル＆アインシュタイン声明を発表する。

ラッセルは不幸の原因として、自己没頭、競争、退屈と興奮、疲れ、妬み、罪の意識、被害妄想、世評に対する怯え、社会的迫害の九つを挙げており、それらの解決策として具体的に寛容、無視、直視、環境の変更、相対化などそれぞれにあった思考のコントロールを挙げている。

一方の幸福になる術として提示されているのは、バランスと調和、社会との繋がりで、とりわけ重要としているのは、はば広い興味を持つこと、趣味を持つこと、人生の目的と仕事の一致、バランスの取れた熱意、努力とあきらめのバランス、不屈の希望などである。

ラッセルはまた熱中するにしてもバランスを保つうえで外してはならない枠として、健康、人並みの能力、必需品が買えるだけの収入、社会的な義務を挙げている。

九十七歳で一九七〇年に亡くなるが、当時としては大変長寿であった。

（著者は高校生の時、バートランドラッセルの幸福論を読み、人生の生き方として、影響を受け、又、このような本を将来書いてみたいと思うきっかけになったことに感謝します）

(七) オバマ元大統領（バラク・フセイン・オバマ）

生年　一九六一年八月四日
出身　ハワイ　ホノルル
夫人　ミシェル・オバマ　一九九二年結婚

米国の政治家、弁護士、第四十四代大統領
子ども　二人（マリア・オバマ、サーシャ・オバマ）
学歴　オクシデンタル大学、コロンビア大学、ハーバード・ロースクール
米国初のアフリカ系有色人種の大統領
ノーベル平和賞（二〇〇九年十二月）
受賞理由
国際外交および諸民族間における協力強化のため並外れた努力を払い世界中の人々に良き将来の希望を与えた。
大統領任期　二〇〇九年一月二十日~二〇一七年一月二十日（二期）
一九八三年コロンビア大学卒業後、シカゴでコミュニティオーガナイザーとして働く。
一九八八年にハーバード・ロースクールに入学し、黒人として初めてのハーバード・

ロ・レビューの会長に就任。卒業後は公民権弁護士。一九九二年から二〇〇四年までシカゴ大学、ロースクールで憲法学を教える。

その後、政治活動を開始。

一九九七年一月から二〇〇四年十一月までイリノイ州議会上院議員。

二〇〇八年アメリカ大統領予備選挙において、ヒラリー・クリントンに接戦の末勝ち、民主党の大統領候補に指名される。

共和党のジョン・マケインに勝ち、二〇〇九年一月二十日大統領就任（副大統領はジョー・バイデン）。

就任後、医療保険制度改革、消費者保護法、アメリカ復興・再投資法、税利救済、雇用創出法、など大不況の中で数々の法案を成立させた。

二〇一五年、地球温暖化に関するパリ協定につながる議論を推進した。

広島平和記念公園を訪問した初の大統領である。

オバマ任期中、アメリカ合衆国の海外での評価は向上した。

退任後もワシントンに住んでいる。

二〇二一年九月、イリノイ州シカゴでの「オバマ大統領センター」の起工式に出席。

福井県小浜市では、「オバマを勝手に応援する会」を発足させ、親書と市名産の「めおと箸」をおくるなどしている。

アフリカ、ケニアでは、同国の大統領ムクイ・キバキは、「オバマの勝利はケニアにとっての勝利でもある」と発言。

ガーナ出身で黒人で初めて国連事務総長となったコフィー・アナンは「オバマの勝利は彼の卓越した資質とともに、世界の変化へのアメリカの適応能力を証明している」と祝福した。

又、南アフリカの黒人大統領ネルソン・マンデラは「アメリカでの黒人大統領の誕生は、より良き世界を築きたいという夢を持たない人はこの世界にはいないことを示してくれた」と祝福した。

二〇一九年、マサチューセッツ州のマーサズ・ウインセド島にある大邸宅を一、一七五万ドルで購入した。

スポーツ（バスケット・ゴルフ）、音楽、映像制作など趣味が多い。

オバマが広島を訪れた日

オバマ大統領は二〇一六年五月二十二日夕方、広島平和記念公園の原爆死没者慰霊碑前で、被爆者を前に演説。

最後にこう結んだ。

「広島と長崎は核戦争の夜明けではなく、わたしたちが道義的に目覚める、その始まりとして知られることになるでしょう」

第四章
まとめ

一、まとめ（一）

第一章の十五ヵ条のそれぞれのキーワードをもとに、「穏やかな心、悟りへの道」の絵図をまとめた（図3参照）。

大きく分けると、地下の部分、地上の部分、雲の上（天空界）部分に分かれる。

地下（根っ子）の部分には、最初に「努力の継続」（豊田佐吉）がある。その上に、「健康な体」（中村天風）、「少々の財産と寄付」（ノーベル）がある。

地上部分には、まず「少々豊かで、少々倹しい人生」（美智子上皇后）、その上に「徳の心」（孔子）が木の柱の部分にある。

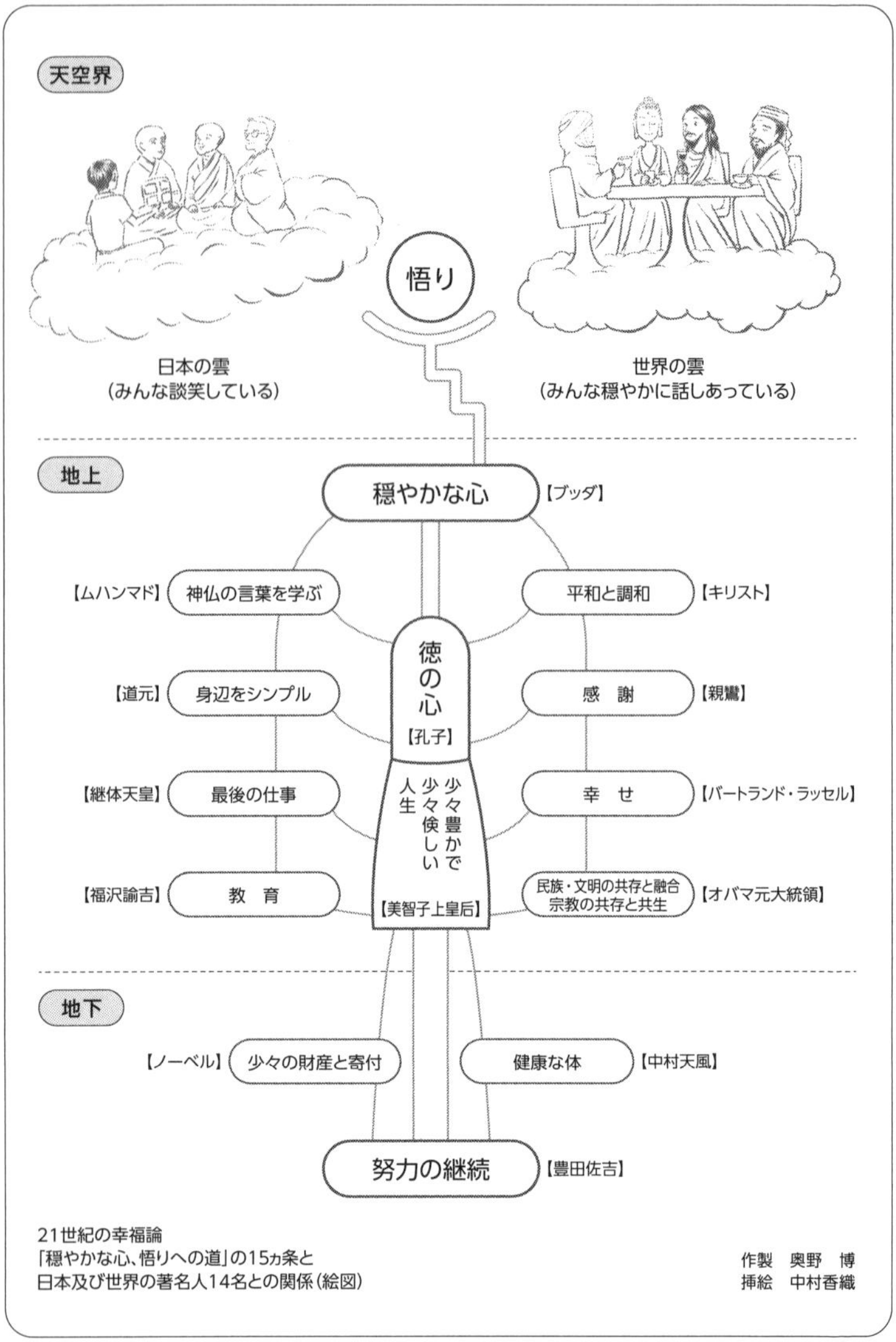
天空界
悟り
日本の雲
(みんな談笑している)
世界の雲
(みんな穏やかに話しあっている)
地上
穏やかな心【ブッダ】
【ムハンマド】神仏の言葉を学ぶ
平和と調和【キリスト】
徳の心【孔子】
【道元】身辺をシンプル
感謝【親鸞】
【継体天皇】最後の仕事
幸せ【バートランド・ラッセル】
少々豊かで少々倹しい人生【美智子上皇后】
【福沢諭吉】教育
民族・文明の共存と融合 宗教の共存と共生【オバマ元大統領】
地下
【ノーベル】少々の財産と寄付
健康な体【中村天風】
努力の継続【豊田佐吉】
21世紀の幸福論
「穏やかな心、悟りへの道」の15ヵ条と
日本及び世界の著名人14名との関係(絵図)
作製 奥野 博
挿絵 中村香織

図3

左側の枝の部分に「教育」（福沢諭吉）、「世の為の最後の仕事」（継体天皇）がくる。

右側の枝の部分に「民族・文明の共存と融合、宗教の共存と共生」（オバマ元大統領）、「幸せ」（バートランド・ラッセル）がある。

「徳の心」の枝の部分、左側には「身辺をシンプルに」（道元）、「神仏の言葉を学ぶ」（ムハンマド）がある。

右側には「万物、神、仏への感謝」（親鸞）、「平和と調和」（キリスト）がある。

そして、「徳の心」の上の、木の一番上の笠の部分に、「穏やかな心」（ブッダ）がある。

そして、「穏やかな心」から天空界への階段を登っていくと「悟り」の雲へとつながってゆく。

世界の悟りの雲では、孔子、キリスト、ブッダ、ムハンマドらが仲良く、飲みものを飲みながら話をしておられる。

日本の悟りの雲には、中村天風、親鸞、道元らが、仲良く座っておられる。

この本を読み、十五ヵ条を実践される方は、全員が、この階段を登っていき、心の中で悟りへの雲の上へとつながっていく。

このような人は、決して人を殺したり、戦争をしたりしないものである。

従って、この「二十一世紀の幸福論、穏やかな心、悟りへの道」を読み、実践される方々は、当然地域、国、地球、宇宙の平和と調和を願っている方々である。

この本に添付してある「この十五ヵ条」と「穏やかな心、悟りへの道の絵図」を部屋の壁に張り、日々又は週一回唱え、しばし瞑想し祈りを続ければ、その人々は「運」

がさらに良くなり、より幸せになり「穏やかな心」になり、少しずつ心の中で「悟りへの道の階段」を登っていくことになる。

この本の、第一章の十五ヵ条を読み、このまとめの章（第四章）の絵図を理解し、信じる人は、誰でも穏やかな心になり、心の中で悟りの道を歩いていけるのである。

二、まとめ（二）

図4に、図3を簡単にしたまとめ（二）を示す。これは図3の中の特に重要な項目だけを記した簡単で分かりやすいまとめとした。多忙な人、子供、老人にはこちらも参考にしていただきたい。

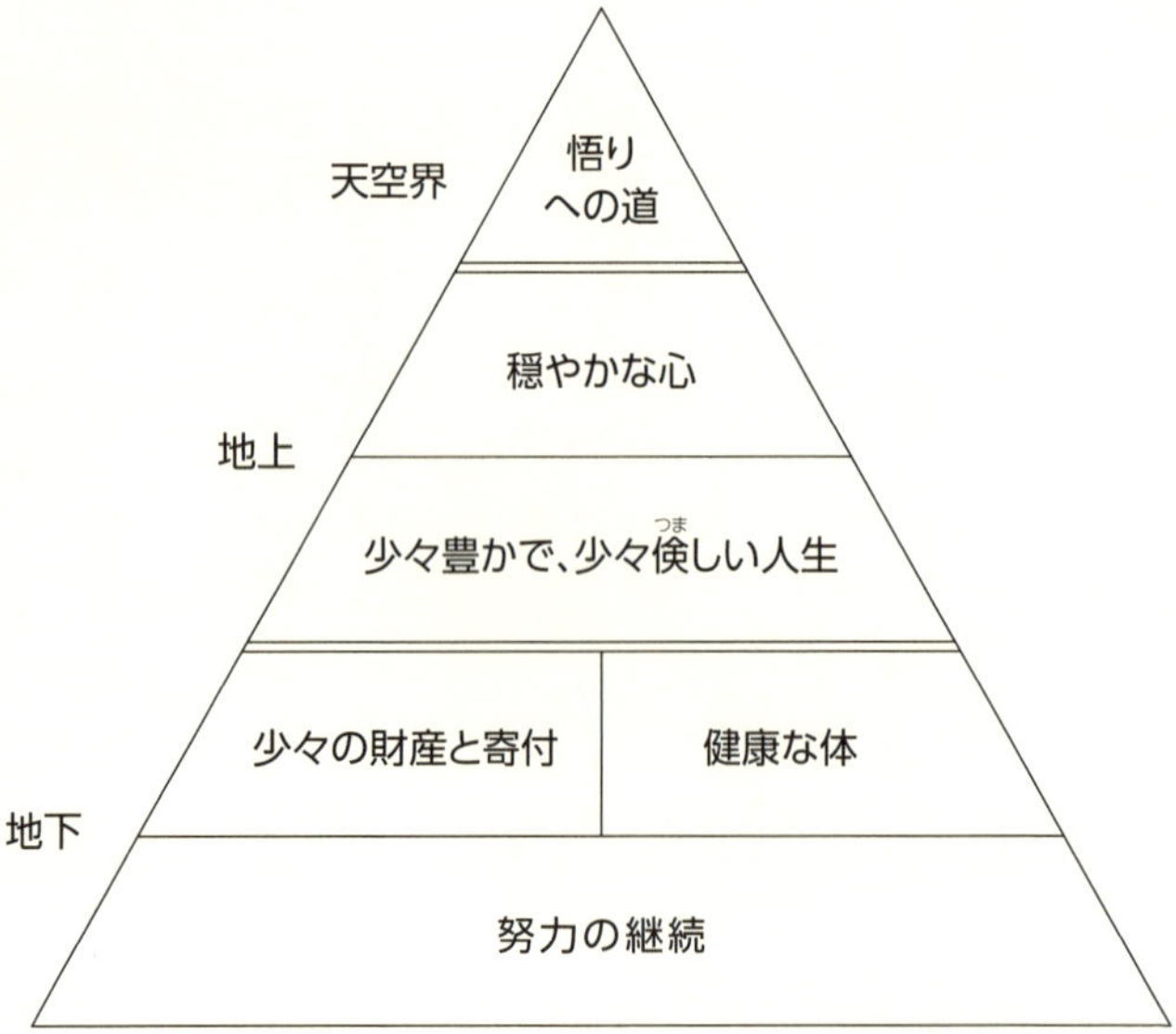

図4　21世紀の幸福論「穏やかな心」「悟りへの道」の概略図

おわりに

この本を読んでいただいて、有難うございます。読者一人ひとりが、世界の平和と調和を願い行動されますことを祈っております。

この本を書き始めた六十歳のころ、小生は小田急線新百合ヶ丘近くの王禅寺に住んでいた(江戸時代徳川家の姫が嫁いできたこともあり、敷地数十万坪の大きな寺があった。現在はその土地の何割かが市に寄付され、王禅寺ふるさと公園三万三千坪になっている)。

夏は、時々軽井沢で執筆活動を行っていた。又、春、秋は時々、都内渋谷区の「明治神宮」の近くのマンションでも執筆活動を続けた。

七十三歳のころ、王禅寺の家を売却し、新百合ヶ丘駅近くの上麻生のマンションに引っ越しし、執筆活動を五年程続けた。さらに、七十八歳になり、新百合ヶ丘のマンションを売却し、神奈川県の湯河原町、吉浜の「天保山」バス停の近くに引っ越しし、現在はここで執筆活動を継続している。又、本が完成するよう、時々、寺、神社、教会でも祈りをささげてきた。

この本の完成には、寺や神社、教会、天保山や吉浜の力もかりて、実現したことを記しておく。又、この本は、約十五年前に出版された小生の小論文「応用物理と道」を参考にした部分が多い。この時の責任者、福井先生に御礼の言葉を記しておく。

又、文藝春秋（二〇二三年八月特大号）の代表的日本人一〇〇人の中で、保坂正康氏が「新しい平和論を書けるのは日本人だと思う」と記している。この本も、その一つとして、世界の平和と調和に少しでも貢献出来ることを願っています。

この本が出版され、さらに外国語に訳され世界の人々が読まれ、世界平和に少しでも貢献出来ることを願っている。

この本の原作の完成には、湯河原町の印刷会社　タケダ印刷　竹田直樹社長に大変お世話になりました。この本の完成には、幻冬舎ルネッサンスの編集者、上島秀幸氏に大変お世話になりました。

又、天空界の挿絵を描いていただいた中村香織先生に感謝致します。

この本のの書き方に関し、サポート頂いた横浜国立大名誉教授　蝶間林先生に感謝致します。

又、途中くじけそうになった時、励ましてくれた家族にも感謝します。

この本は、日本の神、仏、キリスト、ムハンマド、孔子らの助けもあり、完成したことを記し、深く感謝致します。

最後にこの本を、日本と世界のこの本の著名人14名に捧げます。

参考文献

「はじめに」

ラッセル幸福論　バートランド・ラッセル　岩波書店　一九九一・三・一八
継体天皇と越前　石橋重吉　粟田部郷土史研究会　二〇〇七・八・三一
親鸞　吉川英治　講談社　一九九〇・八・一一
道元　大谷哲夫　創元社　二〇一〇・三・一〇
応用物理と道　奥野博　五十周年記念誌編集委員会　二〇〇八

「第一章」

(一)

生命　最初の三十億年	アンドルー・H・ノール	紀伊國屋書店	二〇〇五・七・一七
なぜ宇宙は存在するのか	野村泰紀	講談社	二〇二二・四・二〇
感謝の習慣	スコット・アラン	ディスカヴァー・トゥエンティワン	二〇二二・一〇・二一
「ありがとう」は魔法の言葉	佐藤富雄	宝島社	二〇〇七・二・二七
「感謝の習慣」で人生はすべてうまくいく!	佐藤　伝	PHP研究所	二〇〇八・一・二四
強　運	深見東州	たちばな出版	一九九八・二・二五
あなたが「宇宙のパワー」を手に入れる瞬間	ディーパック チョプラ	大和出版	二〇〇七・四・一五
すぐわかる日本の神々	鎌田東二	東京美術	二〇〇五・一二・二六
世界の神様がわかる本	津田太愚	グラフ社	二〇〇七・四・一
聖地の想像力	植島啓司	集英社	二〇〇〇・六・二一
神々の世界	グラハム・ハンコック	小学館	二〇〇二・一〇・二〇

（二）

絶景×神社	島田裕巳	宝島社	二〇二〇・一二・三〇
宇宙と太陽系の不思議を楽しむ本	的川泰宣	ＰＨＰ研究所	二〇〇六・一二・二七
大宇宙 驚異の新発見	臼田―佐藤功美子	河出書房新社	二〇一五・六・二〇
日本人への遺言	司馬遼太郎	朝日新聞社	一九九九・二・一
祖國再生	瀬島龍三	ＰＨＰ研究所	一九九七・二・二六
「今のインド」がわかる本	門倉貴史	三笠書房	二〇〇七・五・一〇
サウジアラビア 中東の鍵を握る王国	アントワーヌ・バスブース	集英社	二〇〇四・一二・二二
大欧州の時代	脇阪紀行	岩波書店	二〇〇六・三・二二
アメリカの宇宙戦略	明石和康	岩波書店	二〇〇六・六・二〇
米中もし戦わば	ピーター・ナヴァロ	文芸春秋	二〇一六・一一・三〇
強い日本が平和をもたらす日米同盟の真実	ケント・ギルバート	ワニブックス	二〇二一・二・一〇
いちばん大事なこと（環境編）	養老孟司	集英社	二〇〇三・一一・一九
量子力学が語る世界像	和田純夫	講談社	一九九四・四・二〇

世界教師と覚者方の降臨　ベンジャミン・クレーム　シェア・ジャパン出版部　二〇一四・五・一
環境再生と日本経済　三橋規宏　岩波書店　二〇〇四・一二・二一
不都合な真実(地球温暖化の危機)　アル・ゴア　ランダムハウス講談社　二〇〇七・六・二七
地球温暖化はなぜ起こるのか　真鍋淑郎ほか　講談社　二〇二二・六・二〇
グローバル社会の平和学　星野昭吉　同文舘出版　二〇〇五・四・一〇
国際平和論　福富満久　岩波書店　二〇一四・九・二六
世界共和国へ　柄谷行人　岩波書店　二〇〇六・四・二〇

〔三〕
民族の世界地図　21世紀研究会　文藝春秋　二〇〇〇・五・二〇
終わらぬ「民族浄化」セルビア・モンテネグロ　木村元彦　集英社　二〇〇五・六・二二
新・民族の世界地図　二十一世紀研究会　文藝春秋　二〇〇六・一〇・二〇

大論争 日本人の起源　斎藤成也ほか　宝島社　二〇一九・二・一

ニッポンの底力　町田宗鳳　講談社　二〇一一・七・二〇

稲作渡来民　池橋　宏　講談社　二〇〇八・四・一〇

ユダヤ人　上田和夫　講談社　一九八六・二・二〇

ギリシア　西村太良ほか　新潮社　一九九五・一〇・二五

アイルランドを知れば日本がわかる　林　景一　西川書店　二〇〇九・六・一〇

アメリカ黒人史　ジェームス・M・バーダマン　筑摩書房　二〇二〇・一二・一〇

武士道【日本人の魂】　新渡戸稲造（飯島正久解説）　築地書館　一九九八・一〇・一

狐と狸と大統領（ロシアを見る目）　小林和男　日本放送出版協会　二〇〇八・二・二五

台湾人と日本精神　蔡　焜燦　小学館　二〇〇一・九・一

古代マヤ暦　越川宗亮　KADOKAWA　二〇二三・四・一三

日本はなぜ世界でいちばん人気があるのか　竹田恒泰　PHP研究所　二〇一一・一・五

それでもやっぱり日本人になりたい「愚老足」　ウィレム・A．グロータース　五月書房　一九九九・五・二八

ハーバードでいちばん人気の国・日本　佐藤智恵　PHP研究所　二〇一六・一・二九
キーワードで探る四大文明　吉村作治ほか　日本放送出版協会　二〇〇一・二・五
米国はどこで道を誤ったか　ジョン・C・ボーグル　東洋経済新報社　二〇〇八・三・二〇
文明の衝突と21世紀の日本　サミュエル・ハンチントン　集英社　二〇〇〇・一・二三
絶滅の人類史　更科　功　NHK出版　二〇一八・一・一〇
サピエンス全史　ユヴァル・ノア・ハラリ　河出書房新社　二〇一六・九・三〇
我々はなぜ我々だけなのか　川端裕人　講談社　二〇一七・一二・二〇
アメリカ・宗教・戦争　西谷　修ほか　せりか書房　二〇〇三・三・二八
世界がわかる宗教社会学入門　橋爪大三郎　筑摩書房　二〇〇六・五・一〇
物理学と神　池内　了　集英社　二〇〇二・一二・二二
哲学と宗教全史　出口治明　ダイヤモンド社　二〇一九・八・七
聖書、コーラン、仏典　中村圭志　中央公論社　二〇一七・一〇・二五
ウラもオモテもわかる哲学と宗教　島崎　晋　徳間書房　二〇二〇・一・三一

人類は「宗教」に勝てるか　一神教文明の終焉　町田宗鳳　日本放送出版協会　二〇〇七・五・三〇
生物学者と仏教学者　七つの対論　斎藤成也・佐々木閑　ウェッジ　二〇〇九・一二・二〇
すぐわかる世界の宗教　町田宗鳳　東京美術　二〇〇五・四・二五
宗教と現代がわかる本　渡邊直樹　平凡社　二〇〇七・三・一八
仏教の名言100　綾瀬凛太郎　学研パブリッシング　二〇〇九・一二・二八
人生の問題がすっと解決する名僧の一言　中野東禅　三笠書房　二〇一〇・一・三一
日本の10大新宗教　島田裕巳　幻冬舎　二〇〇七・一一・三〇
教会と寺院の世界遺産　武井　誠　ファミマ・ドット・コム　二〇一四・一二・一九
性と宗教　島田裕巳　講談社　二〇二二・一・二〇
神の発見　五木寛之　平凡社　二〇〇五・八・一〇
宗教の力　山折哲雄　ＰＨＰ研究所　一九九九・三・八

（四）

ぼくの血となり肉となった五〇〇冊 そして血にも肉にもならなかった一〇〇冊	立花　隆	文藝春秋	二〇〇七・一・三〇
世界の自己啓発50の名著	T・バトラー・ボードン	ディスカヴァー・トゥエンティワン	二〇〇五・一・一〇
哲学	宇都宮輝夫ほか	PHP研究所	二〇〇五・一・一二
ファクトフルネス	ハンス・ロスリング	日経BP社	二〇一九・一・一五
人生百年の教養	亀山郁夫	講談社	二〇二二・四・二〇
「言葉」があなたの人生を決める アファメーション	苫米地英人	フォレスト出版	二〇一三・九・二六
生きる知恵を学ぶ	栗田　勇	岩波書店	二〇〇三・二・二六
知恵を磨く方法	林　周二	ダイヤモンド社	二〇一七・三・一六
賢人の知恵	バルタザール・グラシアン	ディスカヴァー・トゥエンティワン	二〇〇六・一二・二〇
名言の智恵 人生の智恵	谷沢永一	PHP研究所	一九九四・一・一九

「思考」のすごい力　ブルース・リプトン　ＰＨＰ研究所　二〇〇九・二・三
デボノ博士の思考革命　エドワード・デボノ　騎虎書房　一九九二・七・三〇
聖ムハンマドその普遍的教え　イブラーヒム・サルチャム　東京・トルコ・ディヤーナト・ジャーミイ　二〇一一・六・三〇
イスラーム世界史　後藤　明　ＫＡＤＯＫＡＷＡ　二〇一七・九・二五
「ありがとう禅」が世界を変える　町田宗鳳　春秋社　二〇一八・一・三〇
ホモ・デウス（テクノロジーとサピエンスの未来）　ユヴァル・ノア・ハラリ　河出書房新社　二〇一八・九・三〇
21世紀の歴史　ジャック・アタリ　作品社　二〇〇八・八・三〇
アジア三国志　ビル・エモット　日本経済新聞出版社　二〇〇八・六・五
二〇一五年アジアの未来　高橋　宏　東洋経済新報社　二〇〇六・六・一五
２０１６年世界の真実　長谷川慶太郎　ワック　二〇一五・九・一一
資本主義の終焉と歴史の危機　水野和夫　集英社　二〇一四・三・一九
人新世の「資本論」　斎藤幸平　集英社　二〇二〇・九・二二

未来を拓く君たちへ　田坂広志　PHP研究所　二〇〇九・一・二三
ウェブ進化論　梅田望夫　筑摩書房　二〇〇六・二・一〇
未来予知ノート　ジュセリーノ・ノーブレガ・ダ・ルース　ソフトバンククリエイティブ　二〇〇七・一二・二五
人類が消えた世界　アラン・ワイズマン　早川書房　二〇〇八・五・一〇
ぼくらの未来をつくる仕事　豊田剛一郎　かんき出版　二〇一八・一・二三
天才たちの未来予測図　成田悠輔ほか　マガジンハウス　二〇二三・九・二九
日本&世界の未来年表　後藤淳一　PHP研究所　二〇一八・五・七
新世界秩序と日本の未来　内田　樹ほか　集英社　二〇二一・七・二二
ライフ・シフト　リンダ・グラットンほか　東洋経済新報社　二〇一六・一一・三
マッキンゼーが予測する未来　リチャード・ドッブスほか　ダイヤモンド社　二〇一七・一・二六
未来の年表　河合雅司　講談社　二〇二三・一二・二〇
2040年の未来予測　成毛　眞　日経BP　二〇二一・一・一二
いま世界の哲学者が考えていること　岡本裕一朗　ダイヤモンド社　二〇一六・九・八

22世紀の民主主義　成田悠輔　SBクリエイティブ　二〇二二・七・一五

（五）

がんを治す療法事典　帯津良一ほか　法研　二〇〇四・九・二九
解剖学講義　伊藤　隆　南山堂　一九八三・一〇・五
エッセンシャル産婦人科学　秋谷　清ほか　医歯薬出版　一九八八・三・三〇
皮膚科学　上野賢一　金芳堂　一九七一・一〇・三一
美容の皮膚科学　漆畑　修ほか　日本医学中央会　二〇〇〇・一一・三〇
最新レーザー療法であなたを治す　笹本良信　北宋社　一九九五・七・一五
レーザーでシワが消えた（ほか）　山本博意　海苑社　二〇〇三・二・一七
不妊症治療ガイド　塩谷雅英　小学館　二〇〇一・一一・一
「進行がん」を抑え込む
活性化リンパ球療法　後藤重則　河出書房新社　二〇〇二・七・一〇
自分の血液が「がんを治す！」　水町重範　大和書房　二〇〇四・一一・一

好きになる免疫学	萩原清文	講談社	二〇〇一・一一・二〇
寄生虫博士の「不老」の免疫学	藤田紘一郎	講談社	二〇〇八・七・二〇
新老年病学	村上元孝ほか	南江堂	一九八四・一二・一〇
図解　理学療法技術ガイド	石川　齊ほか	文光堂	一九九七・一〇・二三
体温免疫力	安保　徹	ナツメ社	二〇〇四・六・七
免疫細胞治療	武藤徹一郎	幻冬舎	二〇〇九・三・二四
免疫革命	安保　徹ほか	講談社インターナショナル	二〇〇四・八・九
病気に強くなる免疫力アップの生活術	廣川勝いく	家の光協会	二〇〇八・九・一
免疫力を高めて元気で疲れ知らず！	吉成織恵	ペガサス	二〇一四・一二・一〇
免疫力がみるみるアップする百のコツ	神田高志ほか	主婦の友社	二〇〇六・一一・三〇
本当は怖い「糖質制限」	岡本　卓	祥伝社	二〇一三・六・一〇
健康の天才たち	山崎光夫	新潮社	二〇〇七・一〇・二〇
耳をひっぱるだけで超健康になる	飯島敬一	フォレスト出版	二〇一四・五・六

参考文献

血管を内側から強くする55の秘訣　島田和幸　宝島社　二〇一四・五・三一
健康・老化・寿命　黒木登志夫　中央公論新社　二〇〇七・五・二五
「長寿食」世界探検記　家森幸男　筑摩書房　二〇〇七・二・一〇
不老長寿のレシピ　栗原　毅　主婦の友社　二〇二二・三・一〇
一流の睡眠　裴　英洙　ダイヤモンド社　二〇一六・八・四
スタンフォード式　最高の睡眠　西野精治　サンマーク出版　二〇一七・三・五
スタンフォード式　疲れない体　山田知生　サンマーク出版　二〇一八・五・三〇
血管マッサージ　妹尾左知丸　KKベストセラーズ　二〇〇六・三・二一
脳内革命　春山茂雄　サンマーク出版　一九九五・六・五
新脳内革命　春山茂雄　光文社　二〇一一・二・二五
脳を最適化すれば能力は2倍になる　樺沢紫苑　文響社　二〇一六・一二・二〇
親切は脳に効く　デイビッド・ハミルトン　サンマーク出版　二〇一八・五・二〇
人の命は腸が9割　藤田紘一郎　ワニ・プラス　二〇一三・一二・二五
リンパの科学　加藤征治　講談社　二〇一三・六・二〇

不老不死のサイエンス	三井洋司	新潮社	二〇〇六・三・二〇
ライフスパン　老いなき世界	デビッド・A・シンクレア	東洋経済新報社	二〇二〇・九・二九
70歳が老化の分かれ道	和田秀樹	詩想社	二〇二一・六・二五
80歳の壁	和田秀樹	幻冬舎	二〇二二・三・二五
老化は治せる	後藤　眞	集英社	二〇一三・三・二〇
不老長寿メソッド	鈴木　祐	かんき出版	二〇二一・二・一
常識がくつがえる若返り革命	了徳寺健二	アスコム	二〇二一・九・一四
若返りの医学	太田博明	さくら舎	二〇二三・二・二
老人進化論	木部克彦	言視舎	二〇二三・一〇・三一
こころと体の対話	神庭重信	文藝春秋	一九九九・五・二〇
100歳の精神科医が見つけたこころの匙加減	高橋幸枝	飛鳥新社	二〇一六・九・一六
百歳まで歩く	田中尚喜	幻冬舎	二〇〇七・二・一〇
百歳人生を生きるヒント	五木寛之	日本経済新聞出版	二〇一七・二・二〇

わたしの百歳地図　和田秀樹　主婦の友社　二〇二三・六・三〇
小さなことの積み重ね　高橋幸枝　三笠書房　二〇一九・一〇・一〇
100歳まで一人で暮らせる頭と体を作る　松原英多　KKロングセラーズ　二〇一二・六・一
100歳の幸せなひとり暮らし　鮫島純子　光文社　二〇二二・九・三〇
125歳まで、私は生きる！　渡辺弥栄司　ソニー・マガジンズ　二〇〇八・二・一五

（六）
論語が教える人生の知恵　佐久　協　PHP研究所　二〇一〇・五・二四
良寛和尚の人と歌　吉野秀雄　彌生書房　一九八三・一・二〇
心の習慣　ロバート・N・ベラーほか　みすず書房　一九九一・五・八
マーフィーの成功法則　謝　世輝　三笠書房　一九九四・三・一〇
心が強くなるクスリ　大原健士郎　三笠書房　一九九四・三・三一
こころと体の対話　神庭重信　文藝春秋　一九九九・五・二〇

鏡の法則	野口嘉則	総合法令出版	二〇〇六・五・二三
寂聴生きいき帖	瀬戸内寂聴	祥伝社	二〇〇五・九・五
敵兵を救助せよ!	惠　隆之介	草思社	二〇〇六・七・五
感動する脳	茂木健一郎	PHP研究所	二〇〇七・四・二
渋沢栄一　男の器量を磨く生き方	渡部昇一	致知出版社	二〇〇七・五・一五
稲盛和夫の「人生の方程式」	曹　岫雲	サンマーク出版	二〇〇七・五・一五
アルフレッド・アドラー 人生に革命が起きる100の言葉	小倉　広	ダイヤモンド社	二〇一四・二・二七
人生で大切なたったひとつのこと	ジョージ・ソーンダーズ	海竜社	二〇一六・一・二七
人生論ノート他二篇	三木　清	KADOKAWA	二〇一六・三・二五
儒教に支配された中国人と韓国人の悲劇	ケント・ギルバート	講談社	二〇一七・二・二〇
人生百年時代の「こころ」と「体」の整え方	五木寛之	PHP研究所	二〇一八・六・二九
人間の本性	丹羽宇一郎	幻冬舎	二〇一九・五・三〇
心を養う	北尾吉孝	財界研究所	二〇二一・四・二〇

誰かのために生きてこそ　白方誠彌　幻冬舎　二〇二二・七・二〇

（七）

続ける力　伊藤 真　幻冬舎　二〇〇八・三・三〇
やり抜く力　アンジェラ・ダックワース　ダイヤモンド社　二〇一六・九・八
勉強の価値　森 博嗣　幻冬舎　二〇二〇・二・二五
一度しかない人生を最高の人生にする方法　スコット・アラン　ディスカヴァー・トゥエンティワン　二〇二三・四・二一
自助論　サミュエル・スマイルズ　アチーブメント　二〇一六・六・二九
道をひらく　松下幸之助　PHP研究所　一九六八・五・一
スタンフォードの自分を変える教室　ケリー・マクゴニガル　大和書房　二〇一五・一〇・一五
スタンフォード式　生き抜く力　星 友啓　ダイヤモンド社　二〇二〇・九・一五
ハーバードの人生を変える授業　タル・ベン・シャハー　大和書房　二〇一五・一・一五

（八）

神様が教えてくれた縁結びのはなし	桜井識子	幻冬舎	二〇二〇・三・五
宇宙からの強運	深見東州	たちばな出版	一九九〇・三・三一
日本人と富士山	町田宗鳳	山と渓谷　深谷社	二〇一九・二・一
永遠の希望	飯田史彦	ＰＨＰ研究所	二〇〇七・四・九
百歳の力	篠田桃紅	集英社	二〇一四・六・二三
林住期	五木寛之	幻冬舎	二〇〇七・二・二三
大いなる旅―雄飛―	中島　光	文芸社	二〇一三・六・一五
大いなる旅―奔馬―	中島　光	文芸社	二〇一三・二・一五
中国・シルクロードの女性と生活	岩崎雅美	東方出版	二〇〇四・八・二六
フランス　ゴシックを仰ぐ旅	都築響一ほか	新潮社	二〇〇五・一・二五
神々の山嶺(上・下)	夢枕　獏	角川書店	二〇一四・六・二五
豊かさの条件	暉峻淑子	岩波書店	二〇〇三・五・二〇
人生論	デール・カーネギー	創元社	二〇〇二・二・二〇

お金をかけない「老後の楽しみ方」　保坂　隆　ＰＨＰ研究所　二〇一三・七・一七
95歳からの勇気ある生き方　日野原重明　朝日新聞社　二〇〇七・三・三〇
富と宇宙と心の法則　ディーパック・チョプラ　サンマーク出版　二〇〇七・一・二〇

（九）
生命と地球の歴史　丸山茂徳　岩波書店　一九九八・一・二〇
生命40億年全史　リチャード・フォーティ　草思社　二〇〇三・三・一〇
なぜ宇宙は存在するのか　野村泰紀　講談社　二〇二二・四・二〇
海と陸をつなぐ進化論　須藤　斎　講談社　二〇一八・一二・二〇
ホモ・サピエンス史（時空旅人二〇一八・ＶｏＬ．41）　末松　敏樹ほか　三栄書房　二〇一八・二・二五
世界遺産なるほど地図帳　エイジャほか　講談社　二〇〇七・五・二五
読むだけですっきりわかる世界史　後藤武士　宝島社　二〇一六・三・三一
日本列島１００万年史　山崎晴雄　講談社　二〇一七・一・二〇

骨が語る日本人の歴史　片山一道　筑摩書房　二〇一五・五・一〇
日本二千六百年史　大川周明　毎日ワンズ　二〇一七・一〇・一
マヤ文明の謎　青木晴夫　講談社　一九八四・一二・二〇
ローマ亡き後の地中海世界　塩野七生　新潮社　二〇一四・八・一
イギリス史10講　近藤和彦　岩波書店　二〇一三・一二・二〇
アフリカ　苦悩する大陸　ロバート・ゲスト　東洋経済新報社　二〇〇八・五・一五
大学4年間の経済学が10時間でざっと学べる　井堀利宏　KADOKAWA　二〇一五・四・一〇
ゼロからの『資本論』　斎藤幸平　NHK出版　二〇二三・一・一〇
科学12の大理論　新海裕美子ほか　ワン・パブリッシング　二〇一八・一〇・二
人新世の科学　オズワルド・シュミッツ　岩波書店　二〇二二・三・一八
相対性理論がみるみるわかる本　佐藤勝彦　PHP研究所　二〇〇五・四・二七
早すぎた男　南部陽一郎物語　中嶋　彰　講談社　二〇二一・一〇・二〇
科学哲学の冒険　戸田山和久　NHK出版　二〇〇五・一・三〇

年収1億円を引き寄せる1%の人だけが実行している45の習慣　井上裕之　PHP研究所　二〇一五・八・一九
年収1億円を生む不動産投資法　北岸正光　ばる出版　二〇一〇・九・二四
巨富を築く13の条件　ナポレオン・ヒル　きこ書房　二〇〇一・四・一
最強の投資家バフェット　牧野 洋　日本経済新聞出版　二〇〇五・五・一
船井哲良の終わらない挑戦　桐山秀樹　講談社　二〇〇七・一・二五

(十)

渋沢栄一　Ⅰ(算盤篇)　鹿島 茂　文芸春秋　二〇一一・一・三〇
渋沢栄一　Ⅱ(論語篇)　鹿島 茂　文芸春秋　二〇一一・一・三〇
渋沢栄一「論語と算盤」の思想入門　守屋 淳　NHK出版　二〇二〇・一二・一〇
徳川家康　松本清張　講談社　一九八二・九・三〇
松下幸之助「一日一話」　松下幸之助　PHP研究所　二〇〇七・八・八

（十一）

ラッセル幸福論　バートランド・ラッセル　岩波書店　一九九一・三・一八
幸福論　アラン　集英社　一九九三・二・二五
ニーチェ　運命を味方にする力　宮原浩二郎　ＰＨＰ研究所　二〇一〇・四・一六
幸せのちから　クリス・ガードナー　アスペクト　二〇〇六・一二・二七
幸福論（共生の不可能と不可避について）　宮台真司　日本放送協会　二〇〇七・三・三〇
幸福論　小倉千加子ほか　岩波書店　二〇〇六・三・一六
夫婦でありがとうといえる幸せマネージメント　太田　空真ほか　東京新聞出版局　二〇〇七・五・八
１００％幸せな１％の人々　小林正観　中経出版　二〇〇八・一・一九
斎藤一人　幸せをよぶ魔法の言葉　舛岡はなゑ　ＰＨＰ研究所　二〇〇七・一二・一九
幸せの作法　坂東眞理子　アスキー・メディアワークス　二〇〇九・九・一〇
ヒマラヤ聖者の幸福学　ヨグマタ相川圭子　徳間書店　二〇一四・一一・三〇

なぜか「幸運を引き寄せる人」のちょっとした習慣　『ＰＨＰスペシャル』編集部　ＰＨＰ研究所　二〇一四・七・一七
幸せはあなたの心が決める　渡辺和子　ＰＨＰ研究所　二〇一五・九・二五
幸福についての小さな書　ミカエル・ダレーン　サンマーク出版　二〇二二・一・一五
精神科医が見つけた３つの幸福　樺沢紫苑　飛鳥新社　二〇二一・三・二三
幸せになる技術　上阪　徹　きずな出版　二〇二〇・一・一
新・幸福論　五木寛之　ポプラ社　二〇一二・三・二八
幸福に死ぬための哲学　池田晶子　講談社　二〇一五・二・二三
幸福の哲学　岸見一郎　講談社　二〇一七・一・二〇
幸福大国ブータン　ドルジェ・ワンモ ワンチュック　日本放送出版協会　二〇〇七・一〇・二五

（十二）

教育ルネサンスへの挑戦　門脇厚司ほか　ラボ教育センター　二〇〇二・九・一
代表的日本人　齋藤　孝　筑摩書房　二〇〇八・七・一〇

対象喪失	小此木啓吾	中央公論新社	一九七九・一一・二五
今日が人生最後の日だと思って生きなさい	小澤竹俊	アスコム	二〇一六・二・二
なぜ生きる	明橋大二ほか	一万年堂出版	二〇〇一・四・二〇
「いい人生で終わる」ために大切なこと	斎藤茂太	小学館	二〇〇七・三・一
百歳までにしたいこと	曽野綾子	文藝春秋	二〇二二・五・一〇
一〇三歳になってわかったこと	篠田桃紅	幻冬舎	二〇一五・四・一〇
日本人の「あの世」観	梅原　猛	中央公論新社	一九八九・二・二五
完本 戒老録	曽野綾子	祥伝社	一九九九・九・一〇
逝きかた上手	石蔵文信	幻冬舎	二〇二二・五・二五
大往生 医者が考える最高の死に方と極意	和田秀樹	宝島社	二〇二二・一二・二三
老い方、死に方	養老孟司	ＰＨＰ研究所	二〇二三・八・二四
「死」が教えてくれた幸せの本質	船戸崇史	ユサブル	二〇二二・二・七
死生天命——佐久間艇長の遺言	足立倫行	ウェッジ	二〇一一・一二・二六

参考文献

自宅で死を待つ老人たち　大城堅一　幻冬舎メディアコンサルティング　二〇二二・六・三〇

ぼくがいま、死について思うこと　椎名　誠　新潮社　二〇一三・四・二五

死の教科書　五木寛之　宝島社　二〇二〇・九・九

死に方改革　川嶋　朗　ワニ・プラス　二〇二〇・一〇・五

「死」とは何か　シェリー・ケーガン　文響社　二〇一六・一〇・一〇

死別の悲しみに向き合う　坂口幸弘　講談社　二〇一二・一二・二〇

幸福な死に方　木所隆介　講談社　二〇一〇・九・二五

日本のお葬式　浅井貴仁ほか　枻出版社　二〇一四・九・一〇

前世を記憶する子どもたち　イアン スティーヴンソン　ＫＡＤＯＫＡＷＡ　二〇〇三・八・二五

死後の世界　渡辺照宏　岩波書店　一九五九・六・二〇

死後世界地図　秋山眞人　コスモトゥーワン　二〇〇六・一二・一二

死を見つめるたった1つの方法　ヨグマタ相川圭子　ＫＡＤＯＫＡＷＡ　二〇一五・七・一七

死者は生きている　町田宗鳳　筑摩書房　二〇一六・六・二〇

（十三）

70歳、はじめての男独り暮らし　西田輝夫　幻冬舎　二〇一七・一〇・二五

新・生き方術　俯瞰力　やましたひでこ　マガジンハウス　二〇一一・五・一二

（十四）

幸福と医学　奥野満里子ほか　岩波書店　二〇〇四・一一・二六

90歳の幸福論　和田秀樹　扶桑社　二〇二三・三・一

孤独を越える生き方　五木寛之　NHK出版　二〇二三・一・一五

ポケット　般若心経　大栗道榮　中経出版　二〇〇八・一二・四

生きて死ぬ智慧　柳澤桂子　小学館　二〇〇四・一〇・一〇

心がやすらぐ魔法のことば　山崎房一　PHP研究所　一九九七・八・一五

読むだけで心が軽くなる幸せの言葉　斎藤一人　プレジデント社　二〇二二・一二・二〇

人類最古の哲学　中沢新一　講談社　二〇〇二・一・一〇

ブータンに魅せられて　今枝由郎　岩波書店　二〇〇八・三・一九

（十五）

禅と悟り、さて？　芳村築郎　中央公論事業出版　二〇〇八・八・一一

山の霊力　町田宗鳳　山と渓谷社　二〇一八・四・三〇

わからないことがわかるということが悟り　ひろ さちや　NHK出版　二〇一八・八・二五

瞑想と悟り　ダライ・ラマ十四世　NHK出版　一九九七・七・二五

お坊さんが教える「悟り」入門　長谷川俊道　ディスカヴァー・トゥエンティワン　二〇一四・三・二〇

悟りの分析　秋山さと子　朝日出版社　一九八〇・九・二五

悟りと救い　大川隆法　幸福の科学出版　二〇一四・八・二六

悟りへの道　ヨグマタ・相川圭子　たま出版　二〇〇六・一一・二一

［第二章］

武生風土記　東　壮介ほか　武生市文化協議会　一九七四・四・二〇

ＫＴＰ／ＹＡＧレーザー手術装置　奥野　博ほか　日本レーザー医学会誌（第十六巻）一九九五・九

小型ＫＴＰレーザー手術装置　奥野　博ほか　レーザー協会誌（第二五巻）

「私の健康の秘訣、教えます」　奥野　博　野村不動産関連会社講演より　二〇〇八・一〇・一六

自然免疫強化と健康　奥野　博　タケダ印刷　二〇二三・五・一五

科学がつきとめた「運のいい人」　中野信子　サンマーク出版　二〇二三・九・一〇

「第三章」

一、日本の七名

（一）

味真郷と周辺の継体天皇伝承　味真野史跡保存会　安治麻野コミュニティ振興会　二〇〇七・十月吉日
継体大王と振媛―越国の物語　門脇禎二ほか　大巧社　一九九三・六・一五
味真野の継体天皇伝承　笹嶋怜史　ワープロセンター ホープ　二〇〇八・一・一
継体天皇の実像　白崎昭一郎　雄山閣　二〇〇七・三・二〇
図説 歴代の天皇　不二龍彦　学習研究社　二〇〇七・二・二八
歴代天皇事典　高森明勅　PHP研究所　二〇〇六・一〇・一八
継体天皇の謎　関 裕二　PHP研究所　二〇〇四・一一・一九
継体天皇二つの陵墓、四つの王宮　西川寿勝ほか　PHP研究所　二〇〇八・八・一
天皇の血と継体天皇（歴史人OCT・二〇二三）　後藤隆之ほか　ABCアーク　二〇二三・九・六

（二）

親鸞の本	増田秀光	学習研究社	二〇〇六・四・一五
親鸞入門	早島鏡正	講談社	一九七一・四・一六
法然と親鸞　ゆかりの名宝	東京国立博物館ほか編集	NHKほか	二〇一一・一〇
宗祖親鸞聖人に遇う	古田和弘	東本願寺出版部	二〇〇四・二・一〇
親鸞をよむ	山折哲雄	岩波書店	二〇〇七・一〇・一九
歴史のなかの親鸞	名畑　崇	東本願寺出版部	二〇〇七・七・三一
親鸞―悪の思想	伊藤　益	集英社	二〇〇一・八・二二
あらすじで読む親鸞の教え	加藤智見	青春出版社	二〇〇七・七・五
心の花びら―『歎異抄をひらく』と私―	一万年堂出版編集部	一万年堂出版	二〇二一・三・三
図解　歎異抄	齋藤　孝	ウェッジ	二〇二二・一二・二〇
親鸞の妻　玉日は実在したのか？	今井雅晴	自照社出版	二〇一七・三・一
恵信尼公の生涯	大谷嬉子	本願寺出版部	二〇〇七・七・二五

親鸞（上・下）　五木寛之　講談社　二〇一〇・一・一
親鸞から蓮如へ　池田勇諦　東本願寺出版部　二〇一八・二・二八
蓮　如　五木寛之　岩波書店　一九九四・七・二〇
浄土三部経　浄土真宗聖典編纂委員会　本願寺出版社　一九九六・三・二〇
うちのお寺は浄土真宗本願寺派　早島大英ほか　双葉社　二〇〇五・七・三〇
近代日本と親鸞　安冨信哉　東本願寺出版部　二〇一八・二・二八
現代と親鸞　本多弘之　東本願寺出版部　二〇一八・二・二八
日本仏教史入門　松尾剛次　平凡社　二〇二二・二・一五

〈三〉
道元入門　秋月龍珉　講談社　一九七〇・二・一六
禅僧が教える心がラクになる生き方　南　直哉　アスコム　二〇一七・七・二八
禅とは何か　水上　勉　新潮社　一九八八・六・二〇
道元断章　中野孝次　岩波書店　二〇〇〇・六・一五

心が晴れる　禅の言葉　赤根祥道　中経出版　二〇〇八・一・三

白隠禅師の不思議な世界　芳澤勝弘　ウェッジ　二〇〇八・七・二三

（四）

福沢諭吉　飯田　鼎　中央公論　一九八四・三・二五

学問のすすめ　福沢諭吉（檜谷昭彦訳）　三笠書房　二〇〇一・三・三一

日本を教育した人々　齋藤　孝　筑摩書房　二〇〇七・一二・一

学問のすすめ　福沢諭吉（河本敏浩訳）　ブックマン社　二〇〇九・五・二〇

学問のすすめ（福沢諭吉）　河野英太郎　SBクリエイティブ　二〇一七・三・一九

福沢諭吉　しなやかな日本精神　小浜逸郎　PHP研究所　二〇一八・五・二九

（五）

湖西の生んだ偉人　豊田佐吉　静岡県湖西市教育委員会　静岡県湖西市　一九九〇・一〇・三〇

豊田佐吉とトヨタ源流の男たち　小栗照夫　新葉館出版　二〇〇六・八・八

人間を幸福にする経済　奥田　碩　ＰＨＰ研究所　二〇〇三・一〇・三一
なぜトヨタは人を育てるのがうまいのか　若松義人　ＰＨＰ研究所　二〇〇六・一・九

（六）
天風入門　南方哲也　講談社　二〇〇九・一〇・一五
図説　中村天風　財団法人天風会　海鳥社　二〇〇五・一・一五
運命を拓く（天風瞑想録）　中村天風　講談社　一九九八・六・一五
中村天風の行動学　武田鏡村　東洋経済新報社　二〇〇六・三・一四
心と体を活かす言葉　中村天風　イースト・プレス　二〇一一・七・三〇
天風哲学実践記　尾身幸次　ＰＨＰ研究所　二〇一〇・一二・一七
中村天風「勝ちぐせ」のセオリー　鈴村　進　三笠書房　一九九四・一二・三一
中村天風から教わったやさしい瞑想法　沢井淳弘　プレジデント社　二〇一一・三・二六

（七）

皇后　美智子さま　浜尾　実　小学館　一九九七・一一・一〇
皇太子誕生　奥野修司　講談社　二〇〇六・一〇・一三
美智子さまご出産秘話　奥野修司　朝日新聞出版　二〇一九・一〇・三〇
天皇家125代　大角　修ほか　枻出版社　二〇一八・一二・二〇
上皇陛下と美智子さま　山崎恵美ほか　宝島社　二〇一九・九・二
美智子妃誕生（文藝春秋二〇〇九・五月号）　柳田邦男　文藝春秋　二〇〇九・五・一
皇室はなぜ世界で尊敬されるのか　西川　恵　新潮社　二〇一九・五・二〇

二、世界の七名

（一）

論語　（岬　龍一郎訳）　PHP研究所　二〇〇九・六・一七
論語　加地伸行　角川学芸出版　二〇〇四・一〇・二五
はじめての論語　福田晃市　SBクリエイティブ　二〇〇五・一二・二六

『論語』がわかれば日本がわかる　守屋　淳　筑摩書房　二〇二〇・二・一〇
論語と算盤　渋沢栄一ほか　ウェッジ　二〇二一・一・二〇
中国古典の知恵に学ぶ菜根譚　洪　自誠　ディスカヴァー・トゥエンティワン　二〇〇七・一二・一五
中国古典「一日一話」　守屋　洋　三笠書房　二〇〇四・一・二五
「西洋哲学」と「東洋哲学」　白取春彦　青春出版社　二〇一一・二・一

（二）
釈迦如来　大角　修ほか　学習研究社　二〇〇七・三・二八
ブッダの教え　小宮秀之ほか　メディパル　二〇一五・一二・二五
ブッダの教え一日一話　アルボムッレ・スマナサーラ　ＰＨＰ研究所　二〇〇八・七・一七
ブッダは、なぜ子を捨てたか　山折哲雄　集英社　二〇〇六・七・一九
21世紀 仏教への旅（インド編）　五木寛之　講談社　二〇〇六・一一・二七
三大宗教の本　沢辺有司　彩図社　二〇一九・三・一四

ブッダから親鸞へ　木越　康　湾岸親鸞講座事務局　二〇一六・三・一
古代インド文明の謎　堀　晄　吉川弘文館　二〇〇八・三・一
人生の目的　高森光晴　一万年堂出版　二〇二三・七・二八

（三）

キリスト教の輪郭　百瀬文晃　女子パウロ会　一九九三・一〇・七
よくわかるキリスト教　土井かおる　ＰＨＰ研究所　二〇〇四・四・一九
一冊で学び直せるキリスト教の本　月本昭男ほか　学研プラス　二〇二〇・三・一〇
新約聖書の教え　鈴木秀子　宝島社　二〇二三・九・八
ブッダとキリスト　中村圭志　サンガ　二〇一七・七・一

（四）

イスラームの歴史　カレン・アームストロング　中央公論社　二〇一七・九・二五

イスラームとは何か　小杉　泰　講談社　一九九四・七・二〇
イスラームの日常世界　片倉もとこ　岩波書店　一九九一・一・二一
東京ジャーミイ・トルコ文化センター（パンフレット）　日本・ディヤーナト　二〇〇〇
預言者達の話　サイイド・アブルハサン・アリ・ハサニー・ナドウィー　ナドワイスラミック　エデュケーションセンター・ジャパン　二〇一九
イスラームの基本知識　ユクセル・サルマンほか　東京ジャーミイ
イスラーム　正しい理解のために　イブラーヒム・サルチャム　日本ディヤーナト
ワクフーその伝統と作品　ナジフ・オズトルコ　日本ディヤーナト
イスラム国の正体　黒井文太郎　ベストセラーズ　二〇一四・一二・二〇
イスラム教の論理　飯山　陽　新潮社　二〇一八・二・二〇
イスラム2．0　飯山　陽　河出書房新社　二〇一九・一二・二〇
イスラーム帝国のジハード　小杉　泰　講談社　二〇〇六・一一・一七
中東から世界が崩れる　高橋和夫　NHK出版　二〇一六・六・一〇
イスラム・パワー　宮田　律　講談社　二〇〇〇・一二・八

（五）

ノーベルと爆薬　トレバー・I・ウィリアムズ　玉川大学出版部　二〇一五・一二・二五

ノーベル―人類に進歩と平和を　大野　進　講談社　一九八三・三・二八

ノーベル賞の舞台裏　共同通信ロンドン支局取材班　筑摩書房　二〇一七・一一・一〇

マザー・テレサ ノーベル平和賞に輝く聖女　望月正子　講談社　一九八八・五・一七

（六）

ラッセル教育論　安藤貞雄　岩波書店　一九九一・三・一八

哲学入門　バートランド・ラッセル　筑摩書房　二〇〇五・三・一〇

バートランド・ラッセル　幸福論　小川仁志　NHK出版　二〇二一・三・二五

（七）

合衆国再生　バラク・オバマ　ダイヤモンド社　二〇〇七・一二・一三

誰がオバマを大統領に選んだのか　越智道雄　ＮＴＴ出版　二〇〇八・一二・二五
大統領オバマは、こうしてつくられた　ジョン・ハイルマン　朝日新聞出版　二〇一〇・九・三〇
アメリカ黒人の歴史
（奴隷貿易からオバマ大統領まで）　上杉　忍　中央公論新社　二〇一三・三・二五
オバマ大統領がヒロシマを訪れた日　斉藤尚美ほか　ポプラ社　二〇一六・七・二〇
約束の地　大統領回顧録（上・下）　バラク・オバマ　集英社　二〇二一・二・二一

〈著者紹介〉
奥野 博（おくの ひろし）
1942年10月生まれ。福井県武生市（現・越前市）出身。
父は呉服店経営、元池坊流 北陸支部長 裏千家師匠。国立大学で応用物理学を学ぶ。東レ株式会社で研究、開発・生産、営業開発、新製品企画に成功。HOYA株式会社で、米国メディカルレーザー製品の事業化等に成功。定年後メディカル関連の会社でマーケティング本部長、営業本部長、NPO法人事務局長等を経験。現在は、免疫強化製品のマーケティング、著作活動、大学、工業会の理事などに従事。趣味はテニス、ゴルフ、山登り、囲碁、茶道、生け花等。神奈川県湯河原町吉浜在住。

21世紀《せいき》の幸福論《こうふくろん》
―穏《おだ》やかな心《こころ》、悟《さと》りへの道《みち》

2024年10月10日　第1刷発行

著　者　　奥野　博
発行人　　久保田貴幸

発行元　　株式会社 幻冬舎メディアコンサルティング
〒151-0051　東京都渋谷区千駄ヶ谷4-9-7
電話　03-5411-6440（編集）

発売元　　株式会社 幻冬舎
〒151-0051　東京都渋谷区千駄ヶ谷4-9-7
電話　03-5411-6222（営業）

印刷・製本　中央精版印刷株式会社
装　丁　　弓田和則

検印廃止
©HIROSHI OKUNO, GENTOSHA MEDIA CONSULTING 2024
Printed in Japan
ISBN 978-4-344-69166-7 C0095
幻冬舎メディアコンサルティングＨＰ
https://www.gentosha-mc.com/

※落丁本、乱丁本は購入書店を明記のうえ、小社宛にお送りください。
送料小社負担にてお取替えいたします。
※本書の一部あるいは全部を、著作者の承諾を得ずに無断で複写・複製することは
禁じられています。
定価はカバーに表示してあります。